하나님의 반격

역사의 변곡점에서 아무도 예상하지 못한 하나님의 새 일

하나님의
반격

윤성철

규장

지금 하나님의 반격을
준비하라

2천 년 전, 영적으로 가장 어두웠던 때 아무도 예상하지 못했던 하나님의 반격이 시작되었다. 당시 가장 큰 힘의 두 축인 로마제국의 권력과 산헤드린이라는 종교의 힘을 단숨에 무너뜨린 하나님의 한 수가 세상에 떨어졌다.

이 엄청난 권력과 힘을 무너뜨리기 위해서는 더 강력한 힘과 권력이 필요하다고 생각했던 당시 대다수 유대인의 기대와는 달리 '하나님의 반격'은 아주 힘없고 작은 어린 양으로 나타나셨다. 누가 감히 생각할 수 있고 예상이라도 할 수 있었던가? 그러나 그 작고 힘없는 어린 양이 다니엘서에서 말하는 "손대지 아니한 돌"(단 2:34)이 되어 지금도 이 세상의 나라들을 무너뜨리고 태산을 이루어 가고 있다.

그러나 교회는 여전히 힘과 권력에 기초한 세상 조직과 권력을 자꾸 동일한 조직과 세력으로 돌파하려고 한다. 이런 시도는 교회사 안에서도 여러 번 있었지만, 그 결과로 교회는 부끄러운 과오만을 낳았고, 세상을 돌파한 것이 아니라 세상처럼 변질되고 말았다.

그럼 마지막 때가 가까워지는 지금, 하나님은 어떻게 자신의 약속과 예언의 말씀을 성취하기를 원하실까? 그리고 교회는 어떻게 '하나님의 반격'을 분별하여 동참할 수 있을까? 이 질문에 대한 대답이 이 책의 핵심 내용이다. 이것을 알아야만 주님이 지금 이 땅의 교회에게 무엇을 준비하라고 말씀하시는지, 그리고 교회인 우리가 다가올 포스트 코로나 시대를 어떻게 대비해야 할지 알 수 있기 때문이다.

한 가지 분명한 것은 하나님은 늘 역사의 변곡점에서 아무도 예상하지 못했던 놀라운 반격을 행하셨다는 사실이다. 그것도 힘없고 소망 없어 보이는 우리의 교회를 통해….

지금 우리는 이 폭풍이 지나가기를 기다리며 숨죽이고 있을 때가 아니라 잠잠한 듯하나 오히려 더 저돌적으로, 하나님께서 앞으로 행하실 놀라운 반격을 은밀하게 준비하고 진행해야 한다.

창세 이후부터 지금까지, 그리고 마지막까지 한 가지 확신할 수 있는 것은 주님이 역사를 주도하신다는 사실이다.

그는 때와 계절을 바꾸시며 왕들을 폐하시고 왕들을 세우시며 지혜자에게 지혜를 주시고 총명한 자에게 지식을 주시는도다 단 2:21

만부장 윤성철

프롤로그

CONTENTS

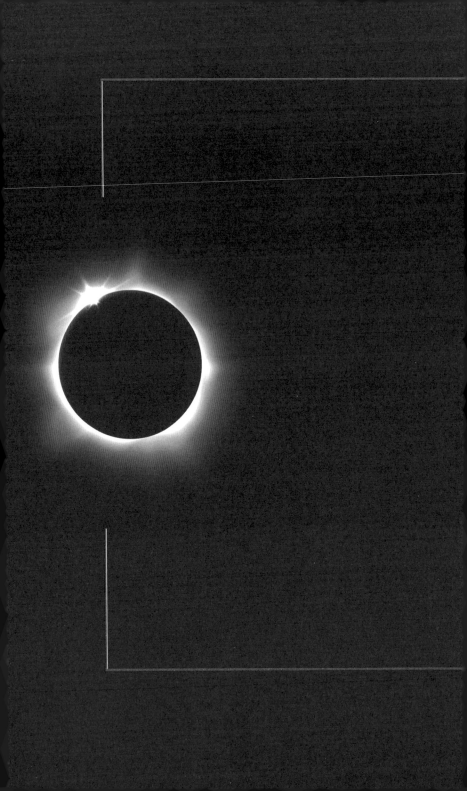

거룩한 씨
그루터기

사 6:1-13

1 웃시야 왕이 죽던 해에 내가 본즉 주께서 높이 들린 보좌에 앉으셨는데 그의 옷자락은 성전에 가득하였고 **2** 스랍들이 모시고 섰는데 각기 여섯 날개가 있어 그 둘로는 자기의 얼굴을 가리었고 그 둘로는 자기의 발을 가리었고 그 둘로는 날며 **3** 서로 불러 이르되 거룩하다 거룩하다 거룩하다 만군의 여호와여 그의 영광이 온 땅에 충만하도다 하더라 **4** 이같이 화답하는 자의 소리로 말미암아 문지방의 터가 요동하며 성전에 연기가 충만한지라 **5** 그 때에 내가 말하되 화로다 나여 망하게 되었도다 나는 입술이 부정한 사람이요 나는 입술이 부정한 백성 중에 거주하면서 만군의 여호와이신 왕을 뵈었음이로다 하였더라 **6** 그 때에 그 스랍 중의 하나가 부젓가락으로 제단에서 집은 바 핀 숯을 손에 가지고 내게로 날아와서 **7** 그것을 내 입술에 대며 이르되 보라 이것이 네 입에 닿았으니 네 악이 제하여졌고 네 죄가 사하여졌느니라 하더라 **8** 내가 또 주의 목소리를 들으니 주께서 이르시되 내가 누구를 보내며 누가 우리를 위하여 갈꼬 하시니 그 때에 내가 이르되 내가 여기 있나이다 나를 보내소서 하였더니 **9** 여호와께서 이르시되 가서 이 백성에게 이르기를 너희가 듣기는 들어도 깨닫지 못할 것이요 보기는 보아도 알지 못하리라 하여 **10** 이 백성의 마음을 둔하게 하며 그들의 귀가 막히고 그들의 눈이 감기게 하라 염려하건대 그들이 눈으로 보고 귀로 듣고 마음으로 깨닫고 다시 돌아와 고침을 받을까 하노라 하시기로 **11** 내가 이르되 주여 어느 때까지니이까 하였더니 주께서 대답하시되 성읍들은 황폐하여 주민이 없으며 가옥들에는 사람이 없고 이 토지는 황폐하게 되며 **12** 여호와께서 사람들을 멀리 옮기셔서 이 땅 가운데에 황폐한 곳이 많을 때까지니라 **13** 그 중에 십분의 일이 아직 남아 있을지라도 이것도 황폐하게 될 것이나 밤나무와 상수리나무가 베임을 당하여도 그 그루터기는 남아 있는 것 같이 거룩한 씨가 이 땅의 그루터기니라 하시더라

잠잠히
그러나 담대하게

사 6:1–13

내가 곧 길이다

2020년부터 시작된 코로나19(COVID-19)로 인해 반강제적인 안식년을 보내고 있는 나는 오랜만에 갖는 여유로 오히려 감사하는 마음이 풍성했다. 더군다나 독립군 투사 같은 남편과 아버지로 인해 내심 불만이 쌓여가던 아내와 아들들이 더 좋아하는 듯하여 그동안 밀린 것들을 만회하는 시간도 가졌다.

그러나 상황이 장기화되면서 마음 한편에서 서서히 답답함과 불안감이 밀려오기 시작했다. "이게 이래도 되는 건가? 이러다가 이대로 그냥 끝나는 거 아니야?" 초조해지는 마음으로 주님께 인도하심을 구하며 무엇인가 돌파구를 찾기 시작했다.

"주님, 무엇을 원하십니까? 어떻게 해야 합니까? 그냥 이대로 마냥 있어야 합니까? 주님, 길이 보이지 않습니다. 대안을 가르쳐주십시오. 주님, 길을 보여주십시오. 코로나로 사방이 다 막혀 있습니다. Show me the way. 길을 보여주세요."

그때 너무나 분명한 주님의 음성이 깊은 곳에서부터 내 마음을 때렸다.

"I am the way. 내가 곧 길이다."

그 순간 나는 놀라운 감동이 아니라 너무나 당연한 진리인데, 이렇게 쉽게 놓치고 있는 나 자신이 기가 막혀서 놀랐다.

그분을 주목하라

많은 경우 주님의 진리는 너무 깊고 심오해서 놓치는 게 아니라 오히려 너무 단순하고 쉬워서 놓치게 된다. 항상 주님이 길이셨지 않던가? 그리고 지금도 주님만이 유일한 길이 아니신가? 나는 길 되신 주님은 놓치고 주변 상황이 주는 불안감으로 수없이 두리번거리며 뭔가 방법과 대안을 찾기에 분주했다. 주님만 빼고….

그래서 성경은 "믿음의 주요 또 온전케 하시는 이인 예수를 바라보자"(히 12:2)라고 말씀하지 않았던가? 대부분 우리는 인생에 궁극적 대안이 되신 예수님만 빼놓고 해결책을 찾으려 분주하게 움직인다.

그러나 우리 주님은 알파와 오메가이시다. 그분의 주권과 통치를 벗어나서 일어나는 일은 이 세상에 없다. 지금의 코로나, 정치, 경제 그리고 우리 삶의 실제적인 모든 영역에서도 그분의 섭리와 통치를 벗어나서 일어나는 일은 없다. 그러므로 그분은 여전히 우리의 유일한 대안이시다.

나는 이 진리를 깨달은 후 다시 말씀과 기도 가운데 주님께 더욱 주목하기 시작했다. 그런데 놀라운 대안이나 방법이 떠오르는 것이 아니라 주님을 향한 신뢰와 평강이 나를 덮는 것을 경험했다. 좀 더 여유를 가지고 주님의 인도하심을 받을 때까지 기다릴 수 있는 자유함이 임한 것 같았다.

물리적인 상황과 환경의 영향을 받을 수밖에 없는 우리는 의도적으로 그분께 집중해야 한다. 그렇지 않으면 이 단순한 진리를 종종 놓치게 된다. 따라서 이러한 때일수록 말씀 앞에서, 그리고 기도의 자리에서 모든 염려와 이슈를 내려놓고 온전히 그분에게만 마음과 생각을 고정시키는 시간이 필요하다. 그때 주님이 보이기 시작하고 그분을 향한 신뢰와 평강이 우리를 덮는 것을 경험할 수 있다. 그리고 그분의 세미한 음성이 깊은 곳에서부터 들리기 시작한다.

특별히 마지막 때에 우리가 싸워야 할 영적 싸움의 핵심도 내 삶의 모든 불안과 소음들을 내려놓고, 주님께 집중함으로 그분의 음성과 인도하심을 받는 것이다. 주님이 길이며 주님이 유일한 대안이시다.

잠잠할지어다

어떤 사람들은, 그렇다고 우리가 현실을 무시하거나 앞에 놓인 문제에서 도피하듯 마냥 앉아만 있을 수는 없지 않냐고 반문한다. 맞는 말이다. 하지만 현실의 문제를 해결하기 위해 뭔가 하긴 해야 하는데, 구체적으로 무엇을 어떻게 해야 할지를 모른다는 것이 문제다.

나를 포함해서 지금 믿음의 사람들 대부분이 이런 상황 때문에 갈등하고 있지 않은가? 뭔가 하자니 막상 뭘 해야 할지 모르겠고, 그렇다고 마냥 넋 놓고 있으면서 불평과 낙망의 말만 늘어놓을 수도 없고…. 나 또한 이런 답답함 때문에 기도실에서 기도하며 버티고 있을 때 주님께서 주시는 두 단어가 마음 가운데 떠올랐다.

"Be Still 잠잠할지어다" 그리고 이어서 "In the hope of the Lord 주님의 소망 안에서…."

하나님의 반격

이 음성을 놓고 다시 기도하는데 시편 말씀이 떠올랐다. 이런 감동과 확신이 올 때는 그 의미를 성경에서 찾는 것이 가장 안전하다. 시편 37편과 46편에서 말하는 "잠잠할지어다"는 절대 소극적인 태도나 체념하듯 힘없이 주저앉은 모습이 아니다.

문맥의 흐름에 따라 그 의미를 해석하면, 두 다리를 땅에 딛고 서서 얼굴을 하늘을 향하여 들고 주시하여 태풍을 버텨내는 모습과 같다. 주님이 행하실 일을 기대함으로 물이 점점 차고 넘치는 것처럼 충만한 상태에서 하나님을 기다리라는 뜻이다.

여호와 앞에 잠잠하고 참고 기다리라 자기 길이 형통하며 악한 꾀를 이루는 자 때문에 불평하지 말지어다 분을 그치고 노를 버리며 불평하지 말라 오히려 악을 만들 뿐이라 진실로 악을 행하는 자들은 끊어질 것이나 여호와를 소망하는 자들은 땅을 차지하리로다 시 37:7-9

이르시기를 너희는 가만히 있어 내가 하나님 됨을 알지어다 내가 뭇 나라 중에서 높임을 받으리라 내가 세계 중에서 높임을 받으리라 하시도다 시 46:10

이 두 구절에서 소극적이거나 낙망하여 좌절한 모습이 보이는가? 전혀 그렇지 않을 것이다. 현실은 다 막혀 있고 할 수 있는 것이 없어 답답한 상황 가운데 놓여 있지만, 시편 기자는 잠잠한 가운데서도 저돌적인 자세로 주님께 집중하라고 도전한다. 우리가 할 수 있는 것이 없을 때 오히려 하나님이 행하실 일을 믿음으로 기대하고 소망하라는 것이다. 비록 상황은 더 악해지고 어두워지더라도 포기하지 않고, 여전히 주님이 행하실 일을 적극적으로 기대하며 기다리는 모습이다.

하나님은 지금도 이런 사람들을 주목하신다. 어떤 상황에서도 원망하거나 포기하지 않고, 하나님께 집중하여 그분이 행하실 일들을 여전히 기대하는 자들을 찾으신다. 그들에게 하나님의 마음을 부어주신다. 그리고 하나님의 구체적인 뜻을 나타내시며 초청하신다.

일이 잘되고 상황이 좋을 때는 누구나 주님을 기대하고 소망한다는 고백을 할 수 있다. 그러나 진짜는 전혀 그렇게 돌아가지 않는 상황 한가운데서도 낙망하거나 불평하지 않는 것, 오히려 소망을 품고 잠잠히, 그러나 담대하게 주님을 기다리는 자들이다. 지금 당신은 어떻게 이 코로나 시즌을 보내고 있는가?

간절히
구하라

사 6:1-13

이사야의 천상 예배

지금 우리가 직면해 있는 상황과 비슷한 배경 가운데 있었던
인물이 바로 이사야 선지자다. 이사야는 웃시야 왕이 죽던
해인 기원전 739년에 부르심을 받아 히스기야 왕의 아들 므
낫세의 통치 중간인 680년쯤 순교한 선지자다.

이사야가 부름을 받았던 당시 시대적인 배경은 말 그대로
암담한 때였다. 일단 북왕국 이스라엘은 말할 것도 없고 남
왕국 유다마저 우상숭배와 죄악이 심각한 수준에 이르렀던
때였다.

이때 웃시야라는 왕이 새롭게 등극하면서 엄청난 개혁을

시작할 때 백성들 안에는 '이제는 뭔가 달라지겠구나! 이제는 뭔가 소망이 생기겠구나!'라는 기대가 있었다. 그러나 기대와 달리 개혁의 열매가 맺히기도 전에 웃시야 왕은 교만해져 자신이 넘지 말아야 할 선을 넘어 제사장 외에는 하지 말아야 할 제단의 불을 붙이는 일을 시도하다가 하나님의 심판을 받고 문둥병에 걸린다.

그리고 나라를 아들 요담에게 물려주고 뒤로 물러나 시름시름 앓다가 결국 회복되지 못하고 생을 마감하게 된다. 결과적으로 나라 안 분위기는 황당과 절망 자체였다. 또한 나라 밖으로는 북왕국 이스라엘과 남왕국 유다를 오랫동안 괴롭혔던 아람과는 비교가 안 될 정도로 강대국인 앗수르가 티그리스강에서부터 세력을 넓히던 때였다.

아람보다 앗수르가 더 큰 위협이 되었던 이유는 아람은 식량을 약탈하고 사람들을 노예로 잡아가는 수준이었지만, 앗수르는 정복정책 자체가 민족을 말살시키는 것이기 때문이다. 침략한 나라의 정체성을 없애기 위해 이스라엘 백성과 이방인들을 혼합시켜버리는 것이다. 안타깝게도 북왕국 이스라엘은 722년 앗수르에 의해 멸망한 후 여러 나라로 흩어졌고 남아 있던 자들은 다른 민족들과 혼합하여 지금의 사마리아인들이 되어버렸다.

하나님의 반격

그러니 남왕국 유다 입장에서는 나라 안팎으로 대안이 보이지 않는 답답하고 절망적인 상황이었고, 그때 이사야가 하나님의 부르심을 받은 것이다. 그리고 이런 현실의 상황과는 전혀 맞지 않는 강권적인 하나님의 인도하심으로 천상의 예배 가운데로 들어가는 경험을 한다.

보좌에 앉으신 우리 하나님의 통치

도대체 이 사건이 어떻게 일어나게 되었는지는 알 수 없지만, 이사야는 예배 가운데로 들어가 하나님의 강력한 임재와 영광을 경험하게 된다. 하나님이 갑자기 왜 그렇게 하셨을까? 이 사건을 통해 하나님께서 이사야에게 주시고자 하는 메시지는 무엇이었을까? 내 생각에는 이사야가 잊고 있었던 한 가지를 다시금 깨닫게 하신 듯하다. 그 한 가지가 무엇일까?

"야! 이사야야, 정신차려! 왜 이리 비실거려! 세상이 끝났냐? 네 하나님이 죽었냐? 네 왕이 나라를 다스리는 게 아니야! 강대국이 세상을 통치하는 게 아니야! 그 모든 것 위에 있는 보좌에 앉은 나 여호와, 전능의 주, 내가 다스리고 통치하는 거야."

나라 안과 밖을 아무리 둘러봐도 절망적이고 암담하기만

한 이사야를 천상의 예배로 인도하여 보좌에 앉으신 하나님의 임재와 영광을 보도록 하면서 그가 놓쳤던 이 진리를 확증해주신 것이다.

지금 우리에게도 가장 필요한 것이 아닌가? 온 세상을 경영하시고 각 나라와 민족 그리고 위정자들과 통치자들을 주관하시는 분이 우리 하나님이시라는 믿음의 확증이 우리에게 필요하다. 구체적인 대안이나 방법 이전에 하나님이 자신의 몸 된 교회와 자녀들의 삶을 주관하시고 다스리신다는 확증이 지금 우리에게 필요하다.

그때 우리는 눈 앞에 펼쳐진 현실이라는 큰 산보다도 더 크신 하나님으로 말미암아 오히려 큰 산을 향하여 담대하게 선포할 수 있다. "큰 산아 네가 무엇이냐? 너는 내 앞에서 평지가 될지어다."

그러니 현실과 상황이라는 물리적 제약에 갇혀 질질 끌려 다니기보다 낙망하지 않고 담대하게 서서 버텨내면 결국 새로운 단계로 인도하시는 하나님의 영적인 돌파가 임하게 될 것이다.

영적인 돌파는 문제가 해결될 때가 아니라 살아 계신 하나님, 여전히 다스리시고 통치하시는 하나님에 대한 확증이 있을 때 일어난다. 코로나도 하나님의 주권 아래 있다. 나라의

모든 위정자와 권세도 하나님의 통치 아래 있다. 그 하나님
이 지금도 다스리시고 통치하신다.

주를 앙망하라

그렇다면 이 엄청난 사건이 어떻게 이사야에게 일어나게 되
었는가? 이것을 알아야 확증을 하고 돌파도 하고 뭘 해도 할
것이 아닌가? 물론 말씀 안에는 직접적인 언급이 없다. 다만
구약의 선지자들 가운데, 신약의 하나님의 사람들 가운데 이
러한 역사가 일어난 배경들을 보면 두 가지로 압축해볼 수
있다.

첫 번째 경우, 아무런 설명이 없다. 전적으로 하나님께서
강권적으로 인도하신 것이다. 아무리 찾아보고 연구해도 그
이유를 알 수 없다. 하나님의 주권적인 섭리라고 인정할 수
밖에 없다.

그러나 다른 경우도 있다. 하나님의 사람들이 믿음을 가
지고 하나님을 앙망하며 기다릴 때, 그리고 간절히 부르짖어
구할 때다. 모두가 절망적인 상황 가운데 침체에 빠져 포기
하고 있을 때, 오직 소수의 믿음의 사람들이 잠잠하지만 침
노하는 믿음으로 그분을 향해 부르짖을 때 하나님의 역사가
임하였다. 상황이 더 악화되어 가도 포기하지 않고 지속적

으로 하나님을 찾고 부르짖을 때 하나님께서는 그들 가운데 임하셨다.

그렇다면 성경은 우리에게 어떻게 하라고 도전하고 있는가? 하나님께서 갑자기 강권적으로 인도할 수도 있으니 넋놓고 가만있으라고 말하는가, 아니면 믿음으로 두 다리를 딛고 서서 여호와를 앙망하며 부르짖으라고 도전하는가? 성경은 우리에게 두 번째를 도전한다.

나를 사랑하는 자들이 나의 사랑을 입으며 나를 간절히 찾는 자가 나를 만날 것이니라 잠 8:17

여호와께서 이스라엘 족속에게 이와 같이 말씀하시기를 너희는 나를 찾으라 그리하면 살리라 암 5:4

구하라 그리하면 너희에게 주실 것이요 찾으라 그리하면 찾아낼 것이요 문을 두드리라 그리하면 너희에게 열릴 것이니 마 7:7

그렇다면 얼마나 앙망하고 부르짖으며 기다려야 주께서 역사하시고 인도하여주실까? 대답은 의외로 간단하다. 그분이 임하시고 응답하실 때까지! 그럼 그분은 언제 응답하시고 역사하시는가? 우리가 그분의 뜻대로 준비될 때다.

놀라운 영적 원리는 우리가 믿음으로 포기하지 않고 부르짖을 때 성령님이 다양한 경로를 통해 우리를 만지시고 준비하신다는 사실이다. 살아 있는 하나님의 말씀 앞에 씨름하며, 믿음으로 그 말씀을 취하여 선포하며, 준비되는 어느 날 갑자기 오셔서 새 일을 시작하신다.

이미 우리 민족은 전쟁 후 폐허더미 위에서부터 이 믿음의 간구와 부르짖음을 통해 우리를 준비하시고 마침내 준비된 우리를 통해 놀랍게 역사하시는 하나님을 경험해보았다. 지금도 마찬가지다. 외적으로 잠잠한 듯하나 내적으로는 그분을 향해 마음과 시선을 고정하여 지속적으로 구하며 말씀을 붙잡을 때다. 하나님은 반드시 때가 되면 역사하신다.

하나님을
대면하라

사 6:1-13

초월하신 하나님

이사야가 놀라운 천상의 예배 가운데 들림을 받은 후 가장 먼저 목격한 것은 보좌에 앉으신 하나님이시다. 우리가 믿음의 기도를 통해 나아갈 때 하나님은 가장 먼저 자신을 우리에게 계시하신다. 다른 구체적인 방법이나 대안이나 흔히 언급하는 비전보다 자신이 누구이신지를 나타내신다.

이 말은 하나님에 대한 확증이 없는 이상과 초자연적 역사는 반드시 검증하고 살펴보아야 한다는 의미다. 마지막이 가까워지면 가까워질수록 강력한 성령의 역사만큼이나 미혹의 영들도 역사할 것이기 때문이다. 그러므로 하나님을 아는

하나님의 반격

것이 모든 영적인 체험과 분별의 기초가 되도록 우리는 하나님을 아는 일에 집중해야 한다.

영적인 역사를 체험하였지만, 하나님이 누구신지 아직 잘 모르겠다? 이것이 말이 되는가? 그럼 그 많은 영적인 체험을 무엇으로 분별했다는 말인가? 하나님에 대한 나의 성경적 지식과 체험과 깨달음이 모든 영적인 것들을 분별하는 기준이 되어야 하지 않겠는가? 그래야만 미혹되지 않을 수 있다. 이사야는 천상의 예배 가운데 초월하신 하나님과 실재하신 하나님을 함께 경험한다. 먼저 초월하신 하나님의 모습이다.

웃시야 왕이 죽던 해에 내가 본즉 주께서 높이 들린 보좌에 앉으셨는데 그의 옷자락은 성전에 가득하였고 사 6:1

'보좌'는 그분의 권세를 나타내며 보좌에 앉으셨다는 것은 권세로 통치하시고 다스리신다는 의미다. 그리고 그 보좌가 높이 들렸다고 표현한 것은 보좌에 앉으신 하나님의 위엄 또는 초월하심을 나타낸다. 하나님은 모든 것을 초월하신 분으로 가장 높고 위엄 있는 보좌에 앉아 다스리시고 통치하시는 분이시다.

이어서 이사야는 하나님의 옷자락이 성전에 가득하다고

기록하고 있는데, 그 의미는 하나님의 임재가 갖는 충만함을 나타낸다. 천국이 왜 아름다운가? 그분의 임재로 가득 차 있기 때문이다. 마찬가지로 우리가 그분의 임재와 영광으로 충만해질 때 사람들은 우리 안에서 하나님의 아름다움을 보고 경험하게 된다.

그래서 무의미하게 중언부언 떠드는 자기중심적인 기도보다 그분의 임재와 영광 안에 머물며 그분으로 충만해지는 시간이 더 유익하다. 성경이 우리에게 늘 하나님의 영으로 충만하도록 도전하는 이유도 그 때문이다. 그때 하나님은 우리를 통해 치유와 회복 그리고 놀라운 영적인 돌파를 나타내시기 때문이다.

다시 이사야서 6장으로 돌아가면 이어서 하나님을 호위하며 예배하는 스랍들이 나온다. 그들은 여섯 날개 가운데 두 날개로 자기의 얼굴을 가리었다. 감히 초월하시고 거룩하신 하나님을 직접 쳐다볼 수 없음을 의미한다. 죄가 없는 천상의 존재인 천사들조차 하나님을 직접 바라볼 수 없을 만큼 하나님은 거룩하신 분이시다. 그렇다면 우리는? 무슨 말이 더 필요한가?

그런데 그 하나님께서 우리를 사랑하셔서 인간의 몸을 입고 죄악으로 가득 찬 이 땅까지 찾아오셨다. 이것이 복음이

하나님의 반격

고 기적이다. 다른 어떤 기적이 더 필요한가? 계속해서 스랍들이 또 다른 두 날개로 자기의 발을 가리었다고 기록하고 있다. 발은 신체 중 가장 부끄럽고 더러운 부분으로 그것을 하나님 앞에 감히 드러낼 수 없기 때문이다.

스랍들은 마지막 두 날개로 날고 있다. 즉, 땅의 존재가 아닌 땅을 초월하여 천상을 날아다니는 천사들, 그들이 보좌 위에 계신 하나님을 찬양한다.

서로 불러 이르되 거룩하다 거룩하다 거룩하다 사 6:3

하나님의 거룩하심은 그분이 절대적인 존재로서 찬양을 받으시기에 합당한 분이시며, 동시에 모든 것을 다스리시고 심판하실 수 있는 분이심을 나타낸다. 그분은 거룩하시고 완전하신 기준으로 모든 것을 다스리시고 심판하시는 분이시다. 이것이 하나님의 심판이 완전하며 공의로우신 이유다. 결함이 있는 존재이자 불완전한 우리는 판단의 기준이 될 수 없으며 판단자가 되어서도 안 된다. 세상의 판단과 정의가 끊임없이 문제와 불만들을 일으키는 이유가 여기에 있다.

우리의 유일한 대안은 하나님과 그분의 말씀이 모든 기준과 절대적인 중심이 되는 것이다. 그때 이 땅에 공의와 정의가 회복된다. 그러나 안타깝게도 사람들은 이것을 받아들이지 않는다. 왜냐고? 실상은 공의와 정의를 원하지 않기 때문이고 이것이 죄의 본성이다. 그러나 하나님은 때가 되면 무너진 공의와 정의를 회복하시기 위해 강권적으로 역사하실 것이다.

여기까지가 초월하신 하나님의 모습이다. 이 땅에 그 무엇과도 비교할 수 없는 하늘 높은 보좌에 계시는 거룩하신 하나님, 따라서 그분은 우리의 찬송과 경배를 받으시기에 합당하시며 세상을 심판하실 수 있는 하나님이시다.

실재하신 하나님

뒤이어 스랍들은 거룩한 하늘 보좌에 초월하여 계시는 하나님의 모습만이 아니라 그의 영광이 온 땅에까지 충만하신 하나님을 선포하고 있다.

만군의 여호와여 그의 영광이 온 땅에 충만하도다 하더라 사 6:3

왜 천사들이 "그의 영광이 온 하늘에 충만하도다"라고 표현하지 않고 "온 땅에 충만하도다"라고 선포했을까? 하나님은 거룩하셔서 하늘 높은 보좌 가운데 초월하여 거하시지만,

그렇게 초월하여 땅의 일들에 전혀 관여하지 않고 떠나 계신 분이 아니다. 오히려 하나님의 영광과 임재를 온 땅에 충만하게 드러내시고 통치하시고 다스리시는 분이라는 것을 의도적으로 말하고 있다. 누구에게? 지금 이 예배 가운데 초대되어 서 있는 이사야에게 말이다. 왜 그런가? 이사야가 이 사실을 알아야 하기 때문이다.

이사야가 직면한 시대적 상황은 매우 암울하고 두려운 때였다. 왕은 심판받아 죽었고 앗수르라는 무서운 강대국이 언제 쳐들어올지 모르는 이때 하나님을 아무리 찾아도 보이지 않아 낙망하고 좌절하고 있는 이사야에게 스랍들이 천둥처럼 선포한다.

"그의 영광이 온 땅에 충만하도다."

특별히 스랍들은 이 하나님을 가리켜 "만군의 여호와"라고 표현하고 있다. 이사야서 6장 5절에서도 "만군의 여호와이신 왕"이라고 표현한다. "많은 군대를 거느리고 있는 왕이신 전능의 하나님"이라는 뜻이다. 이 많은 천상의 군대가 어떤 군대인지는 한 가지 예만 보아도 알 수 있다.

이사야가 이 천상의 예배를 경험한 후 대략 40년이 지난 히스기야 왕 때에, 앗수르가 대군을 이끌고 남왕국 유다를 쳐들어왔다. 앗수르가 랍사게를 보내 하나님을 모욕하며 남왕국 유다를 위협할 때 하나님께서는 천사 하나를 보내어 앗수르 군 진영의 185,000명을 그다음 날 시체가 되게 하셨다. 이런 천사들을 많이 거느리신 여호와, 즉 만군의 여호와께서는 자신의 임재와 영광을 하늘에서만이 아니라 이사야가 살고 있던 남왕국 유다 땅을 비롯한 온 땅에 충만하게 나타내시고 역사하시는 분이다.

어떤 설명이 더 필요한가? 지금 우리 가운데 열려야 하는 계시가 있다면 이사야가 경험한 그대로 하나님이 어떤 분이신지, 그리고 그분이 얼마나 대단하고 놀라우신 분인지를 경험하여 깨닫는 계시다. 이론으로 논리로 머리로 아는 것이 아니라 그 하나님을 예배와 기도 가운데 실제로 경험하여 아는 역사가 지금 우리에게 가장 필요하다. 오죽하면 성경에 "여호와의 선하심을 맛보아 알지어다"(시 34:8)라고 도전하겠는가?

지금 우리에게 이론으로 머리로 아는 하나님에 대한 지식은 많다. 그러나 하나님을 실제로 대면하여 경험으로 아는 하나님에 대한 확증은 상대적으로 너무나 적다. 그 결과 하나님에 대하여 말하는 사람들은 많아도 그 하나님을 위하여 자신의 삶을 던지는 신앙의 실체는 사라지고 있다. 이것이 신앙을 이론과 깨달음만으로 접근하는 사람들의 한계다.

하나님의 반격

물론 이론과 지식을 통해 하나님을 체계적으로 알아가는 과정들이 전혀 필요 없다는 말은 아니다. 그 이론과 지식은 우리를 하나님의 실체로 인도하는 통로가 되어야 한다. 이론과 지식 자체가 본질이 아니기 때문이다. 의사라면 환자를 치료하기 위한 많은 의학 이론과 지식으로 무장할 필요가 있다. 하지만 그것을 통해 환자를 치료해야만 그 이론과 지식이 실체가 되는 것이다. 실제로 환자를 치료하지도 않는 의학 지식을 어디에 쓰겠는가?

신앙은 '실체'가 되어야 한다. 실재이신 하나님을 실제인 신앙으로 만날 때 우리의 믿음은 비로소 우리가 사는 현실 세계 안에서 실체가 된다. 지금 세대들의 특징이 무엇인지 아는가? '리얼'(Real, 실제)을 보여달라는 것이다. 이론이 아니라 진짜 실체로 나타나는 '리얼'을 보고 싶다는 것이다.

이 요구는 매우 도전적인 동시에 우리에게 놀라운 반전의 기회가 될 수 있다. 왜냐하면 우리 하나님은 리얼(Real)이시기 때문이다. 단 우리의 신앙 역시 리얼일 때 그분은 '실체'(Reality)로 나타나신다.

04

미쳐야
미친다

사 6:1-13

구원과 초청의 은혜

하늘에 들림을 받아 놀라운 하나님의 보좌와 천상의 예배를 목격하고 난 다음 이사야는 곧바로 깨닫는다.

"아! 이제 죽었구나."

겸손한 표현이 아니라 실제 상황이다. 왜? 죄가 없는 천상의 스랍들도 감히 자신의 얼굴을 드러내어 처다볼 수 없는 만군의 여호와를 이사야 자신이 대면하여 보았기 때문이다. 아마 그 앞에서 비명조차 지르지 못하고 소멸될 자신의 모습을 깨달았을 것이다. 만약 하나님께서 그분의 영광을 우리에게 조금이나마 거칠게 나타내신다면 과연 우리 중 몇 명이나

34

하나님의 반격

버틸 수 있을까? 물론 그런 시험은 해보지 않는 것이 나을 듯 싶다.

하나님의 임재와 영광이 나타나면 우리가 그 앞에 감사와 기쁨과 할렐루야 하기 이전에 자신이 얼마나 큰 죄인인지를 통렬하게 깨닫는 사건이 반드시 선행된다. 이 과정 없이 그냥 좋기만 하고 기름 부음이 넘치고 은혜가 있다는 것은 아직 들어가지 않았을 가능성이 높다. 임재가 충만한 지성소가 아니라 성전 마당에서 감동받고 호들갑을 떠는 것과 같다. 그러므로 우리는 더 깊이 들어갈 수 있도록 사모하고 구해야 한다.

이때 이사야의 의도나 공로와 무관하게 그를 초청하여 천상으로 인도하신 하나님께서 스랍을 통해 강권적으로 이사야를 정결케 해주신다. 이사야가 한 것이라고는 자신은 죄인이라 거룩하신 여호와 앞에서 이제 망하게 되었다고 고백한 것밖에 없다. 이것은 대단한 겸손이 아니라 사실을 고백한 것뿐이다. 그런데도 하나님은 스랍을 통해 그의 죄를 사하시는 은혜를 주신다.

솔직히 우리도 마찬가지가 아닌가? 예수 그리스도의 복음 앞에서 우리가 죄인임을 깨닫고 그 죄로 인하여 마땅히 죽어야 할 자임을 고백할 때 긍휼하신 하나님께서 은혜의 법을 통해 우리를 죄와 사망의 법에서 자유케 해주셨다. 그뿐 아니라 우리를 의롭다 하신 하나님이 우리를 자신의 자녀 삼아주시고 천국을 유업으로 주셨다. 하나님의 전적인 은혜가 아닐 수 없다.

그 결과 죄인에서 의인으로, 영원히 멸망할 자에서 영원히 살 수 있는 자로, 땅에 썩을 것을 좇아 살다가 멸망할 자에서 하늘의 영생과 영원한 상급을 위해 사는 자가 되었다. 그러나 이사야는 더 충격적인 반전을 경험한다. 방금 자신의 죄를 사해주신 하나님께서 이번에는 곧바로 자신을 그분의 동역자로 초청해주신 것이다.

'아니, 죄 사함 받은 지가 언제라고? 그래도 사람에게 무슨 일을 맡기려면 기본적인 점검이라도 해야 하지 않나? 어떻게 이렇게 막 부를 수 있지?' 그러나 이것이 하나님의 방법이다. 사실 이것을 위하여 하나님께서 이사야를 천상의 예배로 부르신 것이다. 아마 하나님도 꽤 급하신 듯하다.

전투복을 입은 시인

이런 하나님의 인도하심과는 달리 우리는 할 수만 있으면 구원과 헌신을 구별하려 한다. 그러나 하나님은 이 두 가지를 한 묶음으로 주셨다. 구원은 은혜의 선물로 여기면서도 헌신은 많은 대가를 지불해야 하는 부담으로 여기는 우리와 달리, 하나님은 헌신의 초청 또한 우리에게 선물로 주셨다.

왜 그런가? 한번 생각해보라! 나에게 무슨 자격이 있다고, 내가 무엇이 준비되었다고 하나님께서 초청하여 쓰시겠는 가? 우리는 아직도 헌신은 고생을 많이 해야 하는 의무라고 생각하는 잘못된 선입견을 가지고 있다.

그러나 다른 관점에서 보면 헌신은 하나님의 놀라운 역사에 동참할 수 있는 특권이다. 특별한 사람에게 부여하시는 권리이다. 내가 뭐가 특별하다고 이 권리를 주시겠는가? 이 또한 전적인 하나님의 은혜다.

하나님은 이 특권으로 우리를 인도하시기 위해 가끔 생각지도 못한 역사를 경험하게 하신다. 이사야와 같은 강력한 체험은 아닐지라도 영적인 삶을 놓고 볼 때 우리에게도 비슷한 경험이 있지 않은가? 그러니 초월하시고 실재가 되시는 하나님에 대한 놀라운 은혜를 경험할 때 그분의 궁극적인 목적도 놓치지 않아야 한다.

그런데 안타깝게도 우리는 두 가지로 치우치는 경향이 있다. 영적인 실체에 대한 경험 없이 그저 의지적으로 주님을 위해 헌신해야 한다는 식의 메마른 신앙도 조심해야 한다. 이런 신앙은 자칫 '경건의 모양'만 좇는 형식주의나 종교주의에 빠지기 쉽고 믿음생활도 삭막해질 가능성이 크다.

　반대로 영적인 체험만 있고 그것을 허락하신 하나님의 궁극적인 목적을 놓쳐버리는 것 또한 위험하다. 이 경우에 신비주의나 영적 탐닉에 빠지게 된다. 이런 부류를 일명 '신부 대기실 영성'이라고 부르는데, 근본적으로 이런 부류의 사람들은 은혜와 역사가 일어나는 현장에서 절대 나오지 않으며, 하나님이 보내시려는 현실을 외면하거나 도피하는 신앙으로 전락하기 쉽다. 이런 분들의 문제는 본인이 하늘을 거닐고 있는 동안 바로 옆에 있는 가족과 이웃들이 지옥을 걷고 있다는 것을 알지 못하거나 외면하고 있다는 사실이다.

　성경적으로 건강한 신앙은 이 둘을 함께 추구하는 것이다. 그때 온전함으로 나아가는 신앙을 가질 수 있다. 나는 살아 계신 하나님과의 영적인, 그리고 인격적인 체험 없이 의지적으로 전투적으로 헌신해야 한다는 주장에 대해서 반대한다. 마찬가지로 현실을 외면한 채 혼자 신부 대기실에 갇혀 아름답게 신부 치장만 하려는 영적 탐닉도 반대한다.

　내가 이 부분을 강조하는 이유는 이 둘을 겸비한 충만함으로 들어가지 않는다면 우리는 이상한 신앙생활로 전락할 뿐 아니라 자칫 잘못하면 이 둘이 서로 옳다고 싸울 공산이 크기 때문이다. 이미 그런 일들이 비일비재하다. 헌신과 결단을 지나치게 강조하는 분들은 은혜와 체험의 자리로 나아가는 일에 좀 더 힘써야 하며, 반대로 은혜만 추구하는 사람들은 현실을 직시하여 헌신하는 삶의 현장으로 나가야 한다.

오래전 어떤 목사님이 '다윗의 영성'에 대해 나누며 들었던 예가 생각난다. "피투성이 전투복을 입은 특수부대 군인이 잠시 휴식을 취할 때 윗주머니에서 시집을 꺼내 낭송하듯 읽으며 깊은 사색에 잠겨 있는 모습과 같다. 우리는 다윗과 같이 군대 장관으로 전쟁터를 누비며 싸우다가도 때가 되면 하나님의 임재 안에서 노래하고 춤추며 그분을 누리며 기뻐함으로 충만해져야 한다."

이런 하나님의 사람을 누가 감히 흔들 수 있을까? 유진 피터슨(Eugene H. Peterson) 목사님은 《다윗 : 현실에 뿌리박은 영성》(IVP)이라는 자신의 책에서 다윗의 삶에 관해 이렇게 썼다. "시공간의 제한을 뛰어넘는 하나님의 임재 가운데 깊이 들어갔다 가도 다시 나와 현실에 두 다리를 딛고 서서 믿음의 삶을 치열하게 감당하는 삶이 결국 시대를 변화시킨다"라고.

예수에게 미치다

이사야는 하나님의 놀라운 초청 앞에 대답한다.

나는 목사임에도 불구하고 가끔 성경의 내용을 재미있게 보고자 하는 충동을 느낄 때가 있다. 이 대목에서도 짓궂은 질문이 떠올랐다. '과연 이때 이사야가 제정신이었을까? 맨 정신으로 대답했을까? 아니면 반 정신이 나간 상태였을까?' 사랑하는 여러분은 어떻게 생각하는가? 이사야가 과연 제정신이었을 거라고 생각하는가?

우리가 이 땅에서 드리는 예배에서도 주님의 임재와 은혜가 강력하게 임하면 정신이 온데간데없는데, 천상의 예배 가운데 하나님의 영광의 임재를 직접 경험한 이사야가 어떻게 제정신이었겠는가? 그런데 재미있는 것은 많은 경우에 주님을 향한 헌신은 대체로 이렇게 정신이 없을 때 이루어진다는 것이다. 어쩌면 이것이 우리 아버지 하나님께서 잘 쓰시는 방법 같기도 하다. 강력한 성령의 역사와 임재로 우리를 반 정신 나가게 하신 다음 도전하신다.

주께서 이르시되 내가 누구를 보내며 누가 우리를 위하여 갈꼬 하시니 사 6:8

하나님의 반격

이때 초청하시는 하나님의 목소리 또한 매우 신령하게 떨릴 경우가 많다. 그럼 아무 계산이나 생각 없이 우리는 "주여! 나를 보내소서" 이러고 울며불며 헌신을 한다. 그렇게 해서 땅끝도 가고, 풀타임(full time) 사역자로 나가고, 잘하던 사업을 정리하고 이제부터 킹덤 비즈니스(kingdom business)를 한다고 뛰어들기도 한다. 또 어떤 분들은 "이제부터 저는 마리아로 살 거예요"라고 선포하며 결혼도 안 하고 중보자로 헌신한다.

물론 그렇게 정신없이 헌신하고 주님을 섬기다가도 중간중간에 제정신이 돌아올 때가 있다. "내가 미쳤지, 내가 미쳤어…. 아, 속았나? 이게 아닌데… 물러달라고 할 수도 없고…." 그럴 때 하나님께서는 다시 우리를 인도하셔서 예배와 기도 가운데 정신 못 차리게 만나주시고 역사하셔서 다시금 결단하고 재헌신하게 하신다.

이렇게 하나님의 놀라운 작전에 휘말려 지금까지 헌신하며 살아가는 것이다. 말도 안 된다고? 비성경적이라고? 하나님은 그렇게 하지 않으신다고? 하지만 내가 본 성경에는 그런 사례가 많이 나오던데!

세상에서도 각자의 영역에서 놀라운 일들을 성취한 사람들이 가지는 공통된 특징이 무엇인지 아는가? 그들이 결국 남들이 생각할 수 없는 놀라운 일들을 이루는 이유는 그 일에 미쳤기 때문이다. 자기 삶의 모든 것을 거기에 쏟아부으며 감당할 때 남들은 말도 안 된다고 하는 그 일들을 이루어낸다.

영적인 원리도 마찬가지다. 예수한테 미치지 않고 제정신으로 예수를 위해 죽는다고? 그것은 거짓말이다. 제정신일 때 우리의 헌신은 발 빠른 계산 앞에 제약을 받는다. 그러나 예수를 대면하여 경험하고 맛보면 우리도 모르게 그분에게 삶을 던지며 헌신하게 되는 것이다.

앞으로 마지막 때는 이것이 있는 사람과 없는 사람으로 분명하게 나누어질 것이다. 예수에게 제대로 미치지 않고서 앞으로 다가올 환난과 어려움을 이겨내겠다고? 이론으로 논리로 합리적인 사고로 가능하다고? 최소한 성경에서 언급한 대로 즐거이 헌신하는 새벽 이슬과 같은 주의 청년들이 되기 위해서는 예수에게 미쳐야 한다. 그 예수를 정말 대면하여 맛본 사람들만이 예수에게 미친다.

사실 세상이 교회를 욕하는 것은 가짜 예수쟁이들 때문이다. 진짜 예수에게 미친 사람들을 보면 욕하기 전에 먼저 충격을 받는다.

"쟤들은 누구지?"

05

하나님의 교회
그루터기

사 6:1-13

하나님의 본심

이사야가 황홀한 가운데 초청에 응답하자 하나님께서 아주
이상한 말씀을 하신다.

> 여호와께서 이르시되 가서 이 백성에게 이르기를 너희가 듣기는
> 들어도 깨닫지 못할 것이요 보기는 보아도 알지 못하리라 하여
> 이 백성의 마음을 둔하게 하며 그들의 귀가 막히고 그들의 눈이
> 감기게 하라 염려하건대 그들이 눈으로 보고 귀로 듣고 마음으로
> 깨닫고 다시 돌아와 고침을 받을까 하노라 하시기로 사 6:9-10

이 말씀의 핵심은 아주 간단하다. "가서 선포하라. 그러나 그들은 깨닫지 못할 것이다." 아니 이런 황당한 말씀이 어디 있는가? 그러시려면 뭐 하러 "내가 누구를 보내며 누가 우리를 위하여 갈꼬" 하셨는가? 여기서 느껴지는 뉘앙스는 간절하고 애달프기까지 하다. 하나님이 오죽하시면 이토록 간절히 부르실까 싶을 정도다. 그런데 갑자기 아주 다른 말씀을 하신다.

우리는 먼저 하나님의 본심을 알아야 한다. 정말 깨닫지 못하게 하시려면 하나님께서 굳이 이사야에게 하늘 예배를 보여주시고, 그의 죄를 사해주시고, 그를 부르셔서 쓰시겠다고 그리 서글프게 말씀하셨겠는가? 우리 인생들을 향한 하나님의 본심은 다음의 말씀에 분명히 나와 있다.

하나님은 모든 사람이 구원을 받으며 진리를 아는 데에 이르기를 원하시느니라 딤전 2:4

그렇다면 이사야서 6장 10절 말씀은 무슨 뜻인가? 정확히 말하면 근본적으로 돌아서서 반응하지 않는 자들을 그대로 두라는 것이다. 이 말씀을 이해하기 위해서는 이스라엘의 역사적인 배경을 알아야 한다.

　　　　　　　　　　　　　　　　　하나님의 반격

출애굽시대부터 사사시대를 거쳐 성경의 사무엘상하, 열왕기상하에서 지금 이사야에 이르기까지 하나님께서는 자신의 종들을 보내서서 이스라엘이 회개하고 돌아오도록 얼마나 많이 말씀하셨는가? 그때마다 이스라엘은 잠깐 듣는 듯하다가도 조금 살 만하다 싶으면 다시 죄짓기를 수없이 반복하며 근본적으로 돌이키지 않았다.

그런 그들의 완악함을 하나님은 수없이 봐오셨고 결국 이렇게 해서는 안 되겠다고 결론을 내리신 것이다. 그들이 진정으로 돌이킬 수 있도록 강력한 조치가 필요하다는 결론을 내리신 것이다.

그래서 그들의 영적인 둔감함과 완악함의 결과가 얼마나 고통스러운지 뼈저리게 느낄 때까지 그대로 두라고 말씀하시는 것이다. 온전한 회복을 위해 완전히 내버려두는 것, 이것이 하나님의 본심이다.

내가 이르되 주여 어느 때까지니이까 하였더니 주께서 대답하시되 성읍들은 황폐하여 주민이 없으며 가옥들에는 사람이 없고 이 토지는 황폐하게 되며 여호와께서 사람들을 멀리 옮기서서 이 땅 가운데에 황폐한 곳이 많을 때까지니라 **사 6:11,12**

말씀대로 이루어진 역사

우리는 늘 매 맞고 힘들어하는 이스라엘의 입장만 생각하며 하나님께서 어떻게 그렇게까지 하실 수 있는지 쉽게 말하곤 한다. 그러나 그렇게까지 하셔야 했던 하나님의 입장에 대해 생각해보았는가? 그렇게까지 하셔야 하는 하나님의 마음이 어떠시겠는가? 오죽하면 그렇게까지 하셨겠는가?

안타깝지만 남왕국 유다는 '말씀대로' 586년 바벨론에 의해 멸망당하고 70년의 포로생활을 하게 된다. 그 과정에서 그들이 겪어야 하는 고통을 어찌 다 말로 표현할 수 있겠는가? 그 후 '말씀대로' 바사 제국의 고레스 왕 때 포로에서 돌아와 무너진 예루살렘의 회복 운동을 시작한다.

그렇다면 이제는 정말 정신을 온전히 차렸을까? 참으로 안타깝지만 2차, 3차 포로귀환에서 보듯이 돌아온 이스라엘은 여전히 제정신을 차리지 못하였다. 이 역사를 통해서 보더라도 하나님께서 그렇게 하셔야만 했던 이유와 결정이 입증된 셈이다.

결국 하나님은 그들을 계속해서 헬라 제국과 북방의 셀류쿠스 왕조와 남방의 프톨레미 왕조 그리고 마지막으로 로마 제국까지 오랜 고통과 아픔을 겪으며 '말씀대로' "황폐한 곳이 많을 때까지" 저들을 내버려두셨다. 그 결과 예루살렘은 이사야서 6장 13절 말씀처럼 되었다.

> 그중에 십 분의 일이 아직 남아 있을지라도 이것도 황폐하게 될
> 것이나 밤나무와 상수리나무가 베임을 당하여도 그 그루터기는
> 남아 있는 것 같이 거룩한 씨가 이 땅의 그루터기니라 하시더라
> 사 6:13

"그중에 십 분의 일이 아직 남아 있을지라도", 참으로 안타
깝고 기가 막힌 모습이 되어버린 것이다. 겨우 십 분의 일만
남아 로마의 핍박 가운데 버티고 있는 모습이다. 그러나 이
안타까운 현실은 참으로 질기다. 그렇다면 그렇게 남은 이
스라엘이 이제는 온전히 회복되어 돌아왔는가? 아니다. 그
들은 여전히 그 완악함과 패역함을 버리지 못한 상태였다.

예수님은 이사야서 6장 말씀을 그대로 인용하시며 다음과
같이 말씀하신다.

> 이사야의 예언이 그들에게 이루어졌으니 일렀으되 너희가 듣기는
> 들어도 깨닫지 못할 것이요 보기는 보아도 알지 못하리라 이 백
> 성들의 마음이 완악하여져서 그 귀는 듣기에 둔하고 눈은 감았으
> 니 이는 눈으로 보고 귀로 듣고 마음으로 깨달아 돌이켜 내게 고

마 13:14-17

말씀의 핵심은 17절이다. 이스라엘이 그토록 보기 원했던
하나님의 아들, 예수 그리스도 그리고 그토록 듣고자 했던
하나님나라의 복음을 당시 이스라엘은 보고 들었다. 그러나
그들의 반응은 예전과 거의 동일했다. 이 정도 겪었으면 이제
정신을 차릴 만도 한데 말이다. 오직 소수의 사람만이 하나
님의 아들 예수를 보았고, 그분의 말씀에 믿음으로 반응하였
다. 대다수 사람은 그들 스스로 메시아를 십자가에 못 박은
것이다.

새로운 반격의 시작

결국 말씀대로 "이것도 황폐하게 될 것이나", 그렇게 이스
라엘은 AD 70년 로마의 디도 장군에 의해 남아 있던 십 분의
일마저 멸망당하고 다 흩어졌다. 그 황폐한 모습을 "밤나무
와 상수리나무가 베임을 당하여도 그 그루터기는 남아 있는

것같이"라고 표현하였다. 마치 멀쩡한 나무의 몸통 전체를 잘라 내버리면 밑동만 남듯이 그루터기만 겨우 남아 있는 모습이 이스라엘의 모습이었다.

그렇게 다 잘려 나간 모습은 가히 절망적이라고 말할 수밖에 없다. 그러나 이때부터 놀라운 하나님의 반전은 시작된다. 그루터기만 남았을 때, 가장 절망적이고 어두울 때 하나님은 이 그루터기를 자신의 나라를 위한 '거룩한 씨'로 사용하여 새로운 반격을 시작하셨다.

밑동만 남은 채 잘려 나간 나무처럼 끝난 것 같고 죽은 것 같은 그루터기에서 새로운 싹이 일어나기 시작한 것이다. 그것이 바로 '교회'다. 그것이 바로 하나님의 새로운 반격의 시작이었다. 누가 상상이나 할 수 있었겠는가? 누가 감히 예측이나 할 수 있었겠는가? 밑동만 남은 절망의 끝까지 하나님은 기다리셨다. 그리고 그때부터 새로운 반격을 행하신 것이다.

나약한 제자들의 무리 몇몇과 함께 이제는 이스라엘을 넘어 이방에까지, 그리고 열방의 땅끝까지 하나님의 나라를 본격적으로 확장하기 위한 대반격이 시작된 것이다. 이러한 하나님의 역사는 2천 년의 기독교 역사 곳곳에서도 동일하게 일어났다. 그리고 마지막 때에 더 큰 반격이 있으리라 확신할 수 있다.

어떻게 아느냐고? 성경에서 언급하고 있지 않은가? 교회는 마지막 때가 가까울수록 어마어마한 핍박과 환난 가운데로 들어가게 될 것이다. 그러나 동시에 그 환난의 한복판에서 셀 수 없이 많은 흰옷 입은 무리를 일으킬 것이다. 계시록을 중심으로 성경 곳곳에서 이를 예언하고 있다.

나는 하나님의 이 놀라운 반격을 기대하고 확신한다. 그러므로 지금 준비한다. 잠잠한 듯하고 마치 죽은 듯하나 그 자리에 두 다리를 딛고 서서 주님을 응시하며 선포하였던 천사처럼 나 또한 믿음으로 담대하게 선포한다.

> 세세토록 살아 계신 이 곧 하늘과 그 가운데에 있는 물건이며 땅과 그 가운데에 있는 물건이며 바다와 그 가운데에 있는 물건을 창조하신 이를 가르켜 맹세하여 이르되 지체하지 아니하리니 (There will be delay no longer) 계 10:6

하나님은 지체하지 않으신다. 그리고 반드시 그분의 완전한 때에 놀라운 반전을 이루신다. 그것도 가장 어렵고 어두운 한복판에서. 이것이 우리 아버지 하나님의 전문 분야이다.

06

반격의
때가 온다

사 6:1–13

Stop!

많은 분들이 지금 하나님은 교회 가운데 어떤 일을 하고 계시며, 교회가 무엇을 하기 원하시는지 질문해 온다. 나는 주님이 교회 가운데 그루터기인 거룩한 씨를 준비하신다고 믿는다. 그런데 안타깝게도 그 방법은 거룩한 씨만 남을 때까지 쳐내시는 것이다.

　마치 하나님께서 구약 말라기서에서 "제단을 더럽히고 눈멀고 병든 제물을 바치는 너희를 견디지 못하여 성전 문을 닫고 싶다"고 말씀하셨던 것처럼, 하나님께서 지금 우리가 드리는 예배와 믿음의 모습을 보시며 동일하게 "Stop"이라고 말씀하시는 듯하다.

오래전 이스라엘 가운데 행하신 것과 같이 하나님은 지금의 교회가 거룩한 씨인 그루터기로 남을 때까지 타작마당에서 타작하듯 솎아내고 계신다고 믿는다. 이때 우리는 당혹스러워할 수도 있고 절망할 수도 있다.

그러나 놀랍게도 어떤 부류는 그렇게 떨어져 나가는 과정에 금방 적응한다. 마치 예수님이 오셨을 당시 대제사장들과 바리새인들이 주축이 되어 경건의 모양만을 추구하던 종교 행위를 대다수의 사람이 익숙하게 따라가듯이 말이다.

지금 교회 안에 무서운 것은 코로나가 아니다. 코로나라는 상황과 환경에 눌려 있는 두려움과는 정반대로, 이 상황에 이미 익숙해져서 간절함을 잃어버린 우리의 모습이다. 어느새 편안히 화상 예배의 화면만 바라보며 "나쁘지 않네" 하고 둔감해져 가는 우리의 마음이다.

두려움과 둔감함이 전혀 다른 두 방향으로 달리는 듯싶지만 사실 이 둘은 한 가지로 귀결된다. 마음을 빼앗기는 것이다. 생명의 근원이 마음에서 나온다고 하셨는데, 우리의 중심이 원수에게 붙들려버리는 것이다.

반격 신호를 감지하라

그러나 그 가운데서도 영적인 날을 시퍼렇게 세우는 자들이 있다. 두려움 대신 담대함으로, 둔감함 대신 날카롭게 깨어 여전히 새 일을 행하실 하나님의 반격을 기대하며 버티고 앙망하며 거룩한 씨로 자신을 준비하고 있는 그루터기들이다.

나의 간절한 소원은 조국 대한민국과 열방의 교회 가운데 마지막까지 그루터기로 남는 거룩한 씨들이 일어나는 것이다. 특별히 다음 세대 가운데 일어나는 것이다. 그리고 하나님의 새로운 반격이 시작될 때 그렇게 준비된 다음 세대들이 새벽 이슬같이 즐거이 헌신하며 동참하는 것이다.

나는 이 기대로 지금의 모든 현실과 상황의 문제들을 넉넉하게 이기고 있다. 오히려 더 어두워지고 더 절망적인 지금 나는 하나님의 반격을 기대하며 선포한다. 영을 예리하게 하여 주님의 세미한 음성과 인도하심에 반응할 수 있도록, 아무리 두려운 상황 가운데 있더라도 여전히 두 다리를 딛고 서서 그분을 응시함으로 그분의 때가 올 때 즉각 반응할 수 있도록 말이다.

반드시 반격의 때가 온다. 그리고 그렇게 준비된 자들만이 하나님의 반격 신호를 감지하고 반응하게 될 것이다.

만군의
여호와의
경영

사 14:24-26

24 만군의 여호와께서 맹세하여 이르시되 내가 생각한 것이 반드시 되며 내가 경영한 것을 반드시 이루리라 **25** 내가 앗수르를 나의 땅에서 파하며 나의 산에서 그것을 짓밟으리니 그 때에 그의 멍에가 이스라엘에게서 떠나고 그의 짐이 그들의 어깨에서 벗어질 것이라 **26** 이것이 온 세계를 향하여 정한 경영이며 이것이 열방을 향하여 편 손이라 하셨나니

01

좋아 보이는
일들의 위협

사 14:24-26

그 유업은 너의 것이 아니다

최근 이런 그루터기들을 하나님께서 어디서 준비하고 계신지 안테나를 세워 주시고 있었는데, 포항의 한 교회로부터 선교 훈련에 대한 문의 요청을 받고 그 교회를 방문하기로 했다. 하지만 실제 나의 마음은 포항에 있는 한 대학교를 향해 많이 기울어져 있었다.

그 대학에 대한 이야기는 미국에 있을 때부터 들었고, 몇 번이나 갈 기회가 있다가 취소되는 바람에 내심 많은 아쉬움이 남아 있었다. 한국에 들어왔을 때에도 가장 먼저 마음에 소원을 가졌던 곳이다. 그 대학 학생들을 잘 훈련하여 각자의 전문 영역과 열방에 일꾼들로 보내는 것을 나의 마지막 사역으로 생각해도 좋겠다는 마음이었다.

초청한 교회에서 말씀을 나눈 뒤 그 대학 학생 리더들과도 귀한 교제의 시간을 가진 다음 감사한 마음과 기대를 안고 돌아왔다. 이후 계속해서 주님의 인도하심을 구했다. 하지만 이상하리만치, 누구 말처럼 비껴가는 감동이나 말씀이 전혀 없었다. 마음은 아쉽고 답답했지만 어쩌겠는가? 결국 나는 겸손히 내려놓았다.

그리고 얼마 후 일정대로 미국으로 떠났다. 코로나로 모두 민감한 때에 이렇게 움직여도 되는지 반문할 수도 있지만 조심하되 거기에 매여서는 안 되겠다는 마음이 있었다. 또한 누군가는 움직일 수 있다는 사인(sign)이 되어야 하지 않겠냐는 마음에서 결정하였다. 미국 방문은 늘 그렇듯 중보팀과 제자들을 만나고, 코로나로 잠시 들어와 있던 선교사들까지 두루 만나면서 많은 위로와 확증을 얻는 시간을 가졌다.

그런데 나를 가장 흥분하게 한 것은 미국에 있을 때 함께 섬겼던 김 목사님이 코로나의 상황에서도 금요기도회를 지속하였는데, 그 소문을 듣고 모여든 청년들이었다. 비록 소수이지만 중보자와 청년들이 함께 나아와 예배하며 기도하는 모습을 보니 마치 그들이 미국 동부의 그루터기와 같다는 마음이 들었다.

　몇 차례 말씀을 함께 나누고 특별히 마지막 날 모여서 교제할 때 대부분 선교에 대한 마음이 있고, 다음 세대에 헌신이 되어 있는 것을 보자 내 마음이 걷잡을 수 없이 뛰기 시작했다. 나처럼 선교 동원과 훈련을 하는 사람에게 이보다 더 좋은 먹잇감이 어디에 있겠는가? 더욱이 선교에 대한 마음을 나누면서 혹시 이곳에서 훈련해줄 수 없는지, 어떻게 하면 우리 선교회와 함께할 수 있는지 묻는데, 그것은 마치 저희를 마음껏 요리해서 드셔도 된다는 소리처럼 들렸다.

　들뜬 마음으로 한국에 돌아와 2주간 격리를 하면서 이번에도 간절히 기도하며 인도하심을 구했다. 내심 나도 모르게 "주님! 그렇게 원했던 포항에 있는 대학에 대해 아무 말씀도 하지 않으시더니 이것 때문이었습니까? 이제 다시 미국으로 돌아갈 때가 된 것입니까? 이들이 거룩한 씨가 되어 하나님의 새 일을 시작하기를 원하십니까? 저를 다시 미국 동부로 인도하시는 겁니까?" 이런 여러 생각과 상상과 소원을 가지고 기도하는데, 순간 주님의 음성이 너무나 분명히 들려왔다.

　"그 유업은 너의 것이 아니다."

　"네? 뭐라구요?"

　"그 유업은 너의 것이 아니라 김 목사의 것이다. 너는 그를 도와 잘 세워가도록 돕는 역할을 해라. 물론 네가 이전보다 더 자주 방문하게 되겠지만 그 유업은 네 것이 아니다."

'아! 나는 왜 들려도 이런 음성만 들리지?'

어느새 나는 속으로 이렇게 중얼거리고 있었다. 성경에 "아들아, 이것은 너의 유업이니 네 입을 크게 벌려라. 일어나 잡아먹어라…" 이런 말씀도 많은데 왜 그런 음성은 들리지 않는지, 그리고 "내려놓으라", "너는 도우라"고만 하시는지, 왜 나한테만 이런 것을 시키시는지 섭섭한 마음이 들었다.

그래도 이런 것은 빨리 정리해야 나중에 뒷마음을 갖지 않겠다 싶어 곧바로 김 목사에게 전화했다. "김 목사, 그 청년들은 김 목사 너의 유업이다. 내가 도울 수는 있지만 네가 감당해야 할 부분이다. 그러니 잘 감당하고 늘 기도에 집중해라." 그리고 앞으로 금요모임과 청년들을 어떻게 섬겨야 하는지 간단한 팁을 나눈 후 전화를 끊었다.

그리고 나자 내 안에서부터 올라오는 음성이 있었다.

"그럼 나는? ……"

무심코 그렇게 나왔다. 그리고 조금 토라지듯 시큰둥해하고 있는데, 바로 다음 날 포항에 있는 그 대학에서 다시 연락이 온 것이다. 학기 말 집회를 준비하는데 혹시 말씀을 전해줄 수 있느냐는 것이다. 순간 내 안에서 '아, 그럼 이 대학이 맞나? 내려놓았더니 이제 다시 허락하시나?' 나도 모르게 다시 그 대학 캠퍼스에서 어마어마한 사역을 일으키는 상상과 함께 세계선교를 끝내고 주심이 오셔서 잘했다 칭찬하시는 상상의 나래를 펴다가 번뜩 정신을 차리고 제자리로 돌아왔다.

하나님의 경륜에 도킹하라

나는 아직도 부족하고 연약한 점이 많다. 그토록 주님의 음성을 듣고 인도하심을 따라 흔들리지 않고 묵묵히 가는 듯 보이지만 실상 그렇게 되기까지 내 안에서는 마치 나침반 바늘처럼 얼마나 이리저리 흔들리는지 모른다.

물론 그러다가도 주님의 인도하심이 분명하다면 흔들리던 나침반 바늘이 어느새 그분에게 딱 고정되어 순복한다. 수없이 반복했지만 늘 쉽지 않다. 특별히 하고 싶은 일이거나 할 수 있는 일들에 대한 제안이 오면 더더욱 그렇다.

그러나 놀라운 새 일과 새 반격은 하나님으로부터 온다. 나는 그 사실을 잘 알고 있다. 그것이 그분의 계획이기 때문이다. 나에게 열정이 생겼다고 해서 내가 계획해서 그것을 하나님께 제출하는 게 아니라 하나님이 창세 전부터 작정하시고 결정하신 대로 내가 분별하고 따라가는 것이다.

많은 경우 우리는 우리가 가진 생각과 우리가 원하는 계획에 금세 마음과 생각을 빼앗긴다. 그래서 기대하는 대로 되면 쉽게 흥분하고 안 되면 금세 절망한다. 그러나 하나님께서는 창세 전부터 작정하신 완전한 계획에 따라 지금도 세계와 각 나라와 족속 그리고 우리 교회와 개개인들의 삶을 경영하시고 인도하신다.

하나님의 경영하심에 동참할 때 우리의 인생에는 약속하신 그분의 '샬롬과 축복'이 있다. 하나님이 경영하신다는 것은 "하나님이 계획하시고 계획하신 대로 이루어가신다"라는 뜻이다. 그래서 우리가 온전한 믿음생활을 하기 위해서는 경영자 되시는 하나님에게 우리의 마음과 생각을 도킹(docking)시켜야 한다. 그리고 경영자 되시는 하나님, 그분의 시대를 향한 큰 경륜과 그 경륜을 이루어가시는 구체적인 계획과 뜻 안에서 나의 역할을 발견하고 순종할 때 우리에게 놀라운 '돌파와 도약'이 일어난다.

크고 대단한 일이어서 돌파와 도약이 일어나는 것이 아니다. 나를 향한 그분의 계획이기 때문에 돌파와 도약이 일어나는 것이다. 그러므로 누가 뭐라고 해도, 눈에 보이는 상황이 어떻게 흘러가더라도 먼저 우리 인생의 경영자가 되시고 우리 교회의 경영자가 되시며 민족과 열방 그리고 더 나아가

하나님의 반격

시대의 경영자가 되시는 그분에게 도킹해야 한다.

하나님의 경륜 가운데 내 마음이 도킹될 때 내 인생에서부터 주변과 땅끝까지 그분의 경영이 흘러가기 시작한다. 그래서 지금 우리가 눈으로 보고 경험하는 시공간보다 보이지 않는 영적인 영역에서 더 엄청난 전쟁이 치열하게 진행된다는 사실을 알아야 한다.

왜냐하면 하나님의 경륜에 자신의 삶을 도킹시켜 하나님의 새 일을 위한 통로로 쓰임 받는 한 사람이 일어난다면, 사탄의 진영에서 그 영향력은 가히 파괴적이기 때문이다. 그래서 사탄과 어둠의 영들도 하나님이 쓰시는 한 사람이 일어나지 못하도록 미친 듯이 막고 있는 것이다.

오래전 함께 동역하던 중동의 사역자들과 기도 제목을 나눌 때였다. 내가 구체적인 인도하심을 위해 기도해달라고 요청하자 곧바로 하나님이 주신 마음을 나눈다고 하면서 해준 말이 있다.

"많은 좋은 일들이 위대한 하나님의 일의 적이다."

내용인즉 좋아 보이는 많은 일들 때문에 하나님께서 나를 위해 계획하신 최상의 것을 놓치지 않도록 기도해야 한다는 마음을 나누어준 것이다. 좋아 보이는 많은 일이 어떻게 우리에게 위협이 될 수 있겠는가? 그러나 그 일들이 나를 위해 창세 전부터 계획하신 하나님의 일을 가로막고 있다면 가장 위험한 일이 된다.

가장 위대한 일은 하나님이 나를 위해 계획하시고 인도하시기를 기뻐하시는 바로 그 일이다. 그러므로 우리는 하나님께 집중하고 그분에게만 도킹해야 한다. 그때 나를 통해서 하시고자 계획하신 하나님의 새 일로 나아갈 수 있다.

02

실수가 없는 경영자

사 14:24-26

하나님이 경영하신다

하나님께서 이 부분을 얼마나 강조하기를 원하시는지 다음과 같이 스스로 선포하신다.

> 만군의 여호와께서 맹세하여 이르시되 내가 생각한 것이 반드시 되며 내가 경영한 것을 반드시 이루리라 사 14:24

여기서 하나님은 스스로 자신을 "만군의 여호와"라고 밝히신다. "어마어마하게 많은 천군을 거느리신 하나님"이라는 뜻이다. 그리고 그 하나님께서 선포하신다. "맹세하여 이르시되", 의도적으로 아주 세게 말씀하시는데 그 의미는 반드시 행하시겠다는 뜻이다. 무엇을? "내가 생각한 것, 내가 경영한 것"

이때 "생각한 것"은 단순히 한두 번 떠올리신 것이 아니다. 의지적으로 반드시 그렇게 하겠다고 결심하며 스스로 확인하신 의중을 나타낸다. 그리고 하나님의 경영은 하나님이 계획하시고 계획한 대로 이루어가시는 것이다.

즉, 하나님은 이 세상을 분명한 의지를 가지고 계획하시고 그것을 잊지 않으시고 스스로 확인하시며 이루실 때까지 멈추지 않는 분이라는 뜻이다. 지금 우리의 눈에는 잠시 어떤 특정 국가가 원하는 대로 되는 것 같고, 나라의 권세와 위정자들이 마음대로 다하는 것 같아 보이지만, 실상은 하나님이 세상을 경영하신다. 그분은 나라를 세우기도 허물기도 하시고, 왕과 통치자를 세우기도 폐하기도 하시는 분이시다.

그분은 오래전 이미 세우신 계획에 따라 한 치의 오차도 없이 그 일을 진행하신다. 그러니까 상황과 환경에 마음과 생각을 빼앗기지 말라. 아무 힘도 능력도 없이 상황 한가운데 던져진 것 같은 나 자신에게 매여 있지 말라. 창세 전부터 작정하신 뜻대로 세상을 경영하시는 하나님 그분에게만 집중하라! 그래야 마음과 생각을 지켜 낙망하거나 좌절하지 않고, 하나님이 행하실 일에 대해 확신과 담대함을 가지고 끝까지 따라갈 수 있다.

하나님의 세계경영

이사야를 불러 높이 들린 보좌와 그 가운데 좌정하시고 세상을 경영하시는 하나님을 먼저 보도록 하신 이유도 이 때문이다. 나라는 둘로 분열되어 타락해간다. 개혁을 부르짖으며 일어난 왕은 죽었고, 강대국인 앗수르가 일어나 위협한다. 그러나 하나님께서 말씀하신다. "내가 경영한다." 그리고 하나님께서 어떻게 세상을 경영하실지 마치 파노라마처럼 이사야 앞에 펼쳐서 보여주시며 말씀하신다.

북왕국 이스라엘과 남왕국 유다를 괴롭혔던 아람인 수리아는 결국 멸망한다. 왜? 그리고 어떻게? 하나님의 백성을 건드렸기 때문이다. 하나님은 앗수르를 통해 아람인 수리아를 멸망시키기로 결정하시고 732년에 그대로 행하신다.

그다음은 앗수르다. 앗수르는 거대하게 일어나는가 싶더니 허무하게 멸망한다. 왜? 그리고 어떻게? 교만함 때문이다. 하나님을 모욕하고 하나님의 백성을 건드렸기 때문이다. 하나님이 정하신 대로 앗수르는 612년에 바벨론에 의해 멸망당한다.

그리고 바벨론은 바사와 메대 연합군에 의해 539년에 멸망당한다. 놀라운 사실은 이 모든 일이 이사야가 살던 때로부터 몇 년 후에 일어난 일만이 아니며, 하나님의 세계경영까지 미리 알리신다는 것이다. 더 놀라운 것은 메시아가 임하셔서 이 땅에 그의 나라가 세워지는 마지막 계시까지 풀어주시는 것이다.

이것이 무엇을 뜻한다고 보는가? 하나님께는 이미 작정하신 뜻이 있고, 하나님은 그 뜻에 따라 계획하신 대로 한 치의 오차도 없이 경영하고 계신다는 의미다. 이미 창세 전부터 세상의 시작과 끝에 대한 계획을 가지고, 정확하게 그 계획에 따라 이 세상과 나라들을, 그리고 우리 개개인을 경영하신다는 것이다.

하나님의 반격

03

세계경영의
원칙

사 14:24-26

하나님의 눈동자, 이스라엘

그런데 이러한 하나님의 세계경영에는 원칙이 있다. 이것도 하나님의 놀라운 섭리가 아닐 수 없다. 하나님이 행하시는 모든 일에는 다양한 방식이 있지만, 그 일들을 행하시는 원칙에는 변함이 없다. 왜냐하면 이 원칙이 경영자 되시는 하나님의 핵심 가치이기 때문이다.

현재 우리가 대면하고 있는 코로나라는 돌발적인 상황에서도 세상을 경영하시는 하나님에게는 타협하지 않는 원칙이 있다. 이사야서 14장 25절에 이 원칙의 핵심이 기록되어 있다.

내가 앗수르를 나의 땅에서 파하며 나의 산에서 그것을 짓밟으리
니 그 때에 그의 멍에가 이스라엘에게서 떠나고 그의 짐이 그들의
어깨에서 벗어질 것이라 사 14:25

여기서 우리는 하나님이 보시는 관점에서 앗수르라는 나
라와 이스라엘이라는 나라의 의미를 이해해야 한다. 앗수르
뿐만이 아니다. 여호와께서 말씀하시는 바벨론, 블레셋, 모
압에 대한 심판도 기록되어 있다.

이런 열방의 강대국들이 의미하는 바와 하나님이 택하여
친히 당신의 백성으로 삼으신 이스라엘이 의미하는 바는 완
전히 다르다. 물론 우리가 오해하지 말아야 할 것이 있다.
하나님은 모든 나라와 민족과 족속이 하나님께 돌아와 구원
받기를 원하신다. 이것이 하나님의 마음이다.

그러나 하나님은 그 일을 '택하신 이스라엘'을 통해서 하시
고자 계획하셨고, 그래서 이스라엘을 열방 나라들을 주께로
인도할 '제사장 나라'로 삼으셨다. 그 결과 하나님의 세계경
영은 제사장 나라인 이스라엘을 중심으로 이루어진다.

때때로 이스라엘이 하나님의 뜻을 떠나 악을 행할 때 하나
님은 열방 나라들을 통해 이스라엘을 징계하시고 채찍질하
도록 허락하신다. 그 과정을 통해 이스라엘이 회개하고 돌

하나님의 반격

아오도록 하시는 것이다.

그러나 이런 하나님의 경륜을 알지 못하는 이방의 강대국들은 교만한 마음으로 자긍하여 넘지 말아야 할 선을 넘어서 악의를 가지고 이스라엘을 대하며 더 나아가 하나님을 대적하기까지 한다. 그 결과 그들은 돌이킬 수 없는 악행으로 하나님의 심판을 받아 멸망당하게 된다.

이와 반대로 이스라엘의 하나님을 보고 그가 참 하나님이심을 깨닫고 하나님을 경외함으로 이스라엘을 섬기면 하나님께서 동일하게 그 나라들을 축복하신다. 이것이 하나님의 세계경영 원칙이다. 물론 이스라엘을 잘해주면 축복하시고, 이스라엘을 괴롭히면 혼내시는 그런 차원은 아니다. 이스라엘은 하나님의 눈동자로서 이스라엘을 대적하는 것이 곧 하나님을 대적하는 것이기 때문이다(슥 2:8).

하나님의 심판

그러나 안타깝게도 이방의 많은 나라가 교만함으로 실패했다. 자신의 능력으로 거대한 나라를 이룬 줄 착각하고 하나님의 눈동자인 이스라엘을 대적하다가 멸망했다. 이스라엘을 대적한 아람이 멸망당했고, 앗수르가 멸망당했고, 바벨론도 멸망당했다. 페르시아도, 헬라 제국도, 이어서 셀류쿠

스와 프톨레미 왕조도, 로마 제국도 모두 역사 속으로 사라졌다.

그러나 보이는가? 이스라엘은 이 모든 고난과 연단 이후 지금도 남아 있다. 이스라엘이 잘해서가 아니다. 이것이 하나님이 정하신 원칙이기 때문이다. 그렇다면 그 연장선에 있는 주님의 몸인 교회는 어떤가? 몸 된 교회의 지체를 이루고 있는 우리 개개인은 어떤가?

마찬가지다. 지금 하나님이 행하시는 세계경영은 당신의 몸 된 교회를 징계하시고 채찍질하시는 것이다. 그 통로로 나라의 위정자들을 쓰시고 코로나라는 질병도 허용하신다. 주님의 몸인 교회가 그분이 원하시는 모습으로 회복되도록 하기 위해서다. 만약 이것이 없다면 교회도 개인도 하나님께 버림받을 것이다.

주께서 그 사랑하시는 자를 징계하시고 그가 받아들이시는 아들마다 채찍질하심이라 하였으니 너희가 참음은 징계를 받기 위함이라 하나님이 아들과 같이 너희를 대우하시나니 어찌 아버지가 징계하지 않는 아들이 있으리요 징계는 다 받는 것이거늘 너희에게 없으면 사생자요 친아들이 아니니라 히 12:6–8

하나님의 반격

그러면 하나님의 뜻대로 징계가 끝나면 징계의 도구가 되었던 자들은 어떻게 되겠는가? 자신의 힘과 능력으로, 원하는 대로 할 수 있다고 착각하고, 주님의 몸인 교회와 성도들을 향하여 채찍과 칼을 들이대던 나라와 권세들은 하나님께서 반드시 심판하신다.

우리에게는 하나님의 징계와 채찍질이 연단이지만, 악의로 하나님을 대적하고자 몸 된 교회를 핍박한 나라와 권세들은 반드시 심판당한다. 2천 년의 기독교 역사를 봐도 그렇다. 교회를 향해 칼을 겨누고 살아남은 나라와 사상과 통치자와 권세는 없었다. 이것이 세상을 경영하시는 하나님의 경영 원칙이다.

안타깝게도 하나님을 믿지 않는 세상의 위정자들과 통치자들은 이 사실을 모른다. 그래서 마치 자신들에게 힘과 권세가 영원히 있을 줄 알고 착각하지만 잠시 주어진 것뿐이다. 마지막은 반드시 선악간 행한 모든 것에 대한 책임을 묻고 심판하신다.

다시 강조하고 싶다. 2천 년의 역사 가운데 교회를 핍박하고 살아남은 권세가 있는가? 없다. 이 두려운 하나님의 경영 원칙을 반드시 기억해야 한다. 마찬가지로 이 분명한 하나님의 세계경영 원칙을 믿고 있는 교회들은 쉬이 낙망하거나 분노해서는 안 된다.

물론 이론과 현실에서 오는 체감이 다르다는 사실은 인정한다. 그러나 이 원칙이 분명하다면 우리도 주님처럼 장차 우리에게 나타날 영광을 위하여 현재의 고난을 넉넉히 이길 수 있다. 오히려 그 과정들을 통하여 우리 자신을 경영자 되시는 하나님의 의중과 뜻에 따라 거룩한 씨로 준비하는 일에 더 집중해야 한다.

저 권세와 악한 자들은 하나님의 공의의 손에 맡겨드리고, 우리는 주님이 우리에게 원하시는 의중을 분별하고 믿음으로 준비해야 한다. 그래야 주님의 때에 새 일을 행하실 주님과 함께 놀라운 반격에 동참하는 교회와 성도들이 될 수 있다.

04

시즌이
변하고 있다

사 14:24-26

아직까지 한국 교회에 소망이 있다

그러면 온 세계 모든 열방을 경영하시는 하나님께서 우리 한
국은 어떻게 경영하기를 원하시는가? 조금 더 구체적으로 우
리 공동체와 그 안에 속한 개개인들은 어떻게 경영하기를 원
하시는가? 우리가 이것을 알고 하나님의 경영계획에 반응하
는 것이 핵심이다.

나는 모든 상황을 매우 단순하고 직선적으로 본다. 물론
내가 볼 수 없고 미처 알지 못하는 깊은 차원의 뜻이 있을 수
있다. 그러나 한 가지 명확한 것은 아직까지 한국 교회에 소
망이 있다는 사실이다. 왜냐하면 한국 교회 다음으로 주님의

세계경영에 쓰임 받을 대항마가 보이지 않기 때문이다.

마태복음 28장 19,20절, 사도행전 1장 8절의 말씀처럼 성령의 권능을 받고 열방을 제자로 삼을 나라가 미국에 이어 대한민국이었다. 그다음으로 중국이 거론되었고, 몇몇 나라에서도 조짐이 있었지만, 아직까지 본격적으로 일어나지 않고 있다.

더욱이 지금 한국 안에서 진행되고 있는 교회를 향한 노골적인 반감과 핍박은 (물론 우리가 뿌린 잘못된 신앙의 결과일 수도 있지만) 하나님의 관심이 한국 교회에 아직 남아 있다는 증거라고 볼 수 있다. 하나님께서 더 이상 무엇을 어떻게 하고자 하는 목적이 없으시다면, 더 이상 관심이 없으시다면 하나님은 그대로 내버려 두신다. 사실은 이것이 가장 무서운 것이다.

그러나 주님이 여전히 징계하시고 채찍질하신다는 것은 회복하시고 이루시고자 하는 목적이 아직 있다는 뜻이다. 물론 언제까지 그렇게만 하시지는 않는다. 주님의 일에는 항상 때가 있기 때문이다.

보는 대로 살고 보는 만큼 산다

그렇다면 구체적으로 주님이 한국 교회 안에 어떤 일들을 행하고 계시는가? 너무 분명하게 보이지 않는가? 주님이 털어내시는 것이 보이지 않는가? 이 과정을 통해서 이사야서 6장의 말씀처럼 교회는 그루터기만 덩그러니 남겨진 채 소망이 없고 다 끝난 것처럼 보일 것이다. 그러나 그루터기와 같이 거룩한 씨는 남아서 하나님의 새로운 반격의 통로로 쓰임 받을 것을 나는 믿는다.

그렇기에 지금의 고난은 우리를 향한 회복의 손길이며 소망의 연단이라고 믿는다. 문제와 사건을 보는 관점이 어떠하냐에 따라서 절망이 소망으로, 죽음이 부활로, 그루터기가 새 일로 보이게 되는 것이다.

특별히 믿음의 사람에게는 이 '관점'(perspective)이 있어야 한다. 내가 늘 청년들에게 나누듯 우리는 보는 대로 살고 보는 만큼 산다. 이 의미를 반드시 기억해야 한다.

세상을 어떻게 바라보느냐? 그것이 나의 신앙을 결정한다. 그리고 영적으로 얼마만큼 바라보느냐? 그것이 나의 신앙 사이즈(size)다. 물론 터무니없는 과장과 망상을 말하는 것이 아니다. 말씀을 토대로, 하나님이 이전에 행하신 역사를 기초로, 지금 우리 가운데 행하시는 하나님의 일을 분별하고 깨달아 육과 혼의 관점이 아닌 성령을 통한 영의 관점으로 세상을 볼 때 영의 일들이 열리는 것이다.

이것이 바로 영적 돌파다. 이것이 물리적 공간과 세상에 갇히지 않는 믿음의 원리이다. 이 눈이 우리 가운데 열리기를 소원한다.

영적인 교회와 영적인 예배

지극히 개인적이고 또 부분적인 관점일 수 있지만 좀 더 구체적으로 주님이 지금 교회에게 원하시는 것이 무엇인지 몇 가지 나누고자 한다. 이전 방식은 전부 잘못되었으니 다 바꾸어야 한다기보다 시즌(season)이 바뀌어서 이전과는 달라져야 한다고 이해하면 좋을 것이다.

한 예로 오래전 자동차 업계에 큰 변화가 있었는데, 이 변화에 민첩하게 대응하지 못한 토요타(Toyota)는 엄청난 손실을 입은 반면 혼다(Honda)는 이 변화에 빠르게 대응하여 큰 손실을 막을 수 있었다고 한다. 마찬가지다. 지금은 시즌이 바뀌고 있고, 그렇다면 우리에게도 새로운 시즌에 맞는 변환이 요구되는데, 바로 이 관점에서 나누도록 하겠다.

한 가지 분명한 것은 앞으로 그리고 코로나 이후로 교회 내에 많은 지각 변동이 있을 것이라는 사실이다. 영적으로 깨어 있는 교회에는 영적으로 갈급한 사람들이 더욱 모일 것이고, 그렇지 않은 교회들에는 그렇지 않은 부류의 사람들만 남게 될 것이다.

그리고 이도 저도 아닌 사람들은 마치 공중분해가 되듯 사라지게 될 것이다. 사실 이들은 애당초 믿음과 별 상관이 없는 부류였을 가능성이 높다. 코로나가 이들에게는 좋은 이유가 되었고 코로나가 아니더라도 언젠가는 교회를 떠날 사람들이라고 볼 수 있다.

그럼 영적인 교회와 그렇지 않은 교회의 기준은 무엇인가? 여러 가지로 설명할 수 있겠지만 가장 핵심적인 것은 '예배'다. 영으로 그리고 진리의 말씀으로 드리는 예배와 그렇지 않은 예배다. 어떻게든 영적인 예배가 되어 영이신 하나님을 영적으로 대면하는 예배가 되도록 하며, 동시에 말씀이신 예수 그리스도를 드러내는 예배가 되도록 하는 교회가 영적인 교회가 될 가능성이 높다.

반대로 여전히 예배의 전통적인 순서와 형식 그리고 인본적인 말과 프로그램에 집중된 교회는 영적인 교회로 세워지기가 쉽지 않다. 지극히 개인적인 의견처럼 보이는가? 이스라엘이 어떻게 하나님을 떠났다고 생각하는가? 예배의 본질을 놓치고 형식과 전통의 매너리즘에 빠진 결과 예배는 영적이지도 않고 삶에 영향을 미치는 메시지도 되지 못하는 종교행위로 전락했다.

그 결과 그들도 하나님을 떠났고 하나님의 영광과 임재도 그들의 삶에서 떠났다. 형식과 전통을 무시하는 것이 아니라 그것들을 통해 본질인 영과 진리가 사라지는 것을 경계해야 한다.

중간 리더십을 세워라

이와 함께 교회가 이 시즌에 맞추어 준비되도록 다음 두 가지에 집중해야 한다고 믿는다. 첫 번째, 가장 먼저 기존의 강력한 카리스마가 있는 소수의 리더십 주도의 시대에서 십부장, 오십부장, 백부장 그리고 천부장 같은 중간 리더십들이 준비되어야 하는 시대로 들어가야 한다.

사실 이 양상은 꽤 오래전부터 나타나고 있었다. 따라서 지금은 몸 된 교회 안에 중간 리더십들이 얼마나 준비되었느냐가 앞으로 교회의 성패를 좌우할 것이다.

그 중간 리더십을 어떻게 부르든 그 호칭은 중요하지 않다. 그런데 이 중간 리더십들을 길러내는 일에 가장 어려운 점은 시간이 걸린다는 것이다. 어느 날 집회 가운데 강력한 하나님의 역사가 일어났다고 해서 바로 다음 날 리더들이 세워지지는 않는다. 그러므로 지금부터라도 시작해야 한다.

한 가지 소망은 마지막 때가 되면 어둠의 역사도 강해지지만, 마찬가지로 성령의 역사도 강력하게 일어난다는 사실이다. 우리가 기존에 생각하던 것처럼 사람을 세우는 장기간의 프로그램이나 훈련 과정이 아니더라도 초대 교회처럼 강력한 성령의 역사로 말미암아 놀라운 변화들이 빠르게 진행될 것이다. 물론 여전히 어느 정도의 시간은 필요하겠지만 말이다.

그 결과 강력한 카리스마가 있는 몇몇 리더의 말을 듣고 그대로 답습하여 일사불란하게 움직이는 공동체에서, 스스로가 성령의 음성을 듣고 구체적인 인도하심을 받을 수 있는 준비된 공동체로 일어날 것이다.

이것이 구약시대에서 신약시대로 넘어가는 결정적인 사건 가운데 하나다. 구약을 보라. 소수의 선택된 하나님의 사람들, 그 가운데 임하신 성령의 역사로 시대를 진두지휘하며 하나님의 일들이 진행되었다.

그러나 신약시대 이후로 사도들만이 아니라 평범한 집사들도 성령의 인도하심으로 그 음성을 좇아 뜻을 분별하여 행하기 시작했다. 그 결과 하나님나라 복음은 소수의 사람에게만 제한적으로 일어나지 않고 도처에서 일어나기 시작했다.

이것이 원수가 가장 두려워하는 마지막 때에 일어나야 할 무브먼트(movement)다. 주님의 몸을 이루고 있는 모든 성도 한 사람 한 사람이 각각 믿음의 분량을 좇아 그리스도의 온전한 제자로 일어나는 것이다. 지금 준비해야 한다. 그래야 하나님의 놀라운 반격에 동참하는 교회와 성도들이 도처에서 일어날 수 있다.

소그룹 코이노니아의 회복

두 번째, 잘 조직된 교회 시스템과 프로그램을 따라오도록 하는 방식에서 벗어나야 한다. 이런 구조는 흔히 안정적인 시즌, 확장의 시즌에 매우 유용하다. 그러나 불안정하고, 확장보다 내실을 다지기 위한 시즌에는 그 효율성이 상당히 떨어진다.

지금 우리는 시스템과 프로그램이 거의 먹히지 않는 시대에 들어와 있다. 아울러 교회는 외부로부터 오는 큰 변화와 공격에 새롭게 대비해야 하는 시즌에 들어와 있다. 이때는 성도 개개인이 말씀과 기도 가운데 목자 되시는 주님의 음성을 들어야 한다. 또한 그런 자들이 모여서 작은 그룹을 이루어 서로 들은 음성을 확인하며 주님의 인도하심을 따라가도록 준비시켜야 한다.

특별히 초대 교회와 같이 소수의 사람이 함께 모여 주님의 음성과 인도하심을 서로 확인하고 격려하고 도전하는 진정한 '코이노니아', 영적인 교제가 회복되어야 한다.

다시 말씀드린다. 교회는 부흥과 확장이라는 안정적인 시즌에 추구하는 방식과 불안정하고 내실을 다져야 하는 시즌에 추구하는 방식이 달라야 한다. 말씀을 잘 준비해서 먹이던 방식에서 스스로 말씀을 먹을 수 있도록 돕는 시즌으로, 많이 모이고 잘 조직된 교회에서 준비된 프로그램을 통해 공급을 받던 시즌에서 작은 그룹으로 모여 스스로 공급을 확인하는 시즌으로 들어가야 한다. 지금 이 변화를 준비하고 시작해야 한다.

그럼에도 불구하고 교회의 변하지 않는 원칙이 있다. 바로 모이기를 힘쓰는 것이다. 물리적으로 모이지 못한다면 세상 모든 도구를 활용하여 모이기에 힘쓸 수 있다. 모이기를 힘쓰라는 원칙은 지키되 그 원칙을 구체적으로 실현할 수 있는 방법을 다양하고 끊임없이 개발해야 한다.

그는 때와 계절을 바꾸시며 단 2:21

때와 계절(시즌)은 우연히 바뀌는 것이 아니다. 하나님이 작정하신 뜻을 이루시기 위하여 의도적으로 바꾸시는 것이다. 하나님이 변화의 주체이시고 변화를 일으키시는 분이다. 교회는 이 변화에 가장 먼저 반응하고 따라가야 한다. 그럴 때 교회가 원래 목적대로 세상을 주도하게 된다. 경영자 되시는 하나님께서 지금 시즌을 변화시키고 계신다.

우리가 어떻게 하나님의 새로운 변화를 구체적으로 깨닫고 따라갈 수 있을지 좀 더 구체적으로 나눠보자.

하나님은 지금도 말씀하신다

23 너희는 귀를 기울여 내 목소리를 들으라 자세히 내 말을 들으라 **24** 파종하려고 가는 자가 어찌 쉬지 않고 갈기만 하겠느냐 자기 땅을 개간하며 고르게만 하겠느냐 **25** 지면을 이미 평평히 하였으면 소회향을 뿌리며 대회향을 뿌리며 소맥을 줄줄이 심으며 대맥을 정한 곳에 심으며 귀리를 그 가에 심지 아니하겠느냐 **26** 이는 그의 하나님이 그에게 적당한 방법을 보이사 가르치셨음이며 **27** 소회향은 도리깨로 떨지 아니하며 대회향에는 수레 바퀴를 굴리지 아니하고 소회향은 작대기로 떨고 대회향은 막대기로 떨며 **28** 곡식은 부수는가. 아니라 늘 떨기만 하지 아니하고 그것에 수레바퀴를 굴리고 그것을 말굽으로 밟게 할지라도 부수지는 아니하나니 **29** 이도 만군의 여호와께로부터 난 것이라 그의 경영은 기묘하며 지혜는 광대하니라

새 가죽
부대인가?

사 28:23-29

새 가죽 부대를 준비하라

마지막 때가 가까울수록 뚜렷하게 나타나는 양상은 믿는 자와 믿지 않는 자들의 삶이 명확하게 나뉠 것이라는 사실이다. 믿는 자들 가운데서도 동일한 현상이 두드러지게 나타나는데, 목자 되신 주님의 음성을 듣고 세밀한 인도하심을 받는 자들과 그렇지 못한 자들이 구별될 것이다.

좀 더 노골적으로 표현하면 진짜 그리스도인과 모양만 있는 그리스도인, 말과 겉모습은 비슷한 듯하나 결정적일 때 목자 되신 주님의 음성을 듣고 따라가는 자들과 그렇지 못한 자들로 나뉠 것이다.

일반적으로 우리가 이해하는 충성된 제자, 영성이 좋다는 것, 그리고 훌륭하고 성숙한 신앙의 핵심도 결국 구체적이고 세밀한 주님의 음성을 듣고 그 의중과 뜻을 분별하여 따라가는 것이라고 볼 수 있다.

아무리 성경 지식이 많고, 기도를 많이 하고, 여러 훈련을 받고, 삼층천을 갔다 와도 목자 되신 주님의 음성을 듣지 못하거나 들어도 순종하지 않으면 전문용어로 "꽝"이다. 아무 의미가 없다는 말이다.

우리는 마지막 때가 우리 주님이 오셨을 때와 비슷할 것이라고 한 믿음의 선배들의 지적에 주목할 필요가 있다. 주님은 새 가죽 부대를 준비해야 한다고 강조하셨다. 왜냐하면 그래야 새 포도주를 담을 수 있기 때문이다. 그래서 주님은 기존의 헌 가죽 부대인 바리새인들과 서기관들로 이루어진 전통과 율법이라는 종교를 고쳐 쓰지 않으시고, 대신 새 가죽 부대인 교회를 만드셨다. 새 가죽 부대에 새 포도주인 복음과 함께 그 복음을 믿고 거듭나 성령을 받은 성도들을 담으셨다.

그렇다면 지금은? 새 가죽 부대는 어느새 헌 가죽 부대가 되어 가고, 그 안에 포도주는 잘 숙성되다 못해 이제는 고인 물이 되어간다고 볼 수 있다. 그렇다면 주님이 다시 원하

하나님의 반격

시는 새 가죽 부대는 어떤 부대이겠는가? 계시록의 말씀처럼 성령이 교회들에게 하시는 말씀을 듣고 따라가는 교회가 아닐까?

그러면 기존처럼 전통과 형식에 매이거나 시스템과 프로그램으로 돌아가는 헌 가죽 부대들은 과연 어떻게 될 것 같은가? 분별하기 어려운가? 2천 년 전 대제사장들과 바리새인들을 비판하던 자리에서 내려와 두렵고 떨리는 마음으로 21세기 대제사장들과 바리새인들이 과연 누구인지, 헌 가죽 부대가 무엇인지 살펴보아야 한다.

2천 년 전 그들이 수많은 전통과 율법의 목록을 만들어 사람들에게 멍에를 씌우던 모습은 마치 세련된 프로그램과 시스템을 통해 제공되고 있는 현대 교회의 수많은 훈련, 세미나, 각종 행사들과 사뭇 비슷해 보이지 않는가? 이것을 잘 따라오는 자들과 그렇지 않은 자들을 구별하여 좋은 그리스도인들과 그렇지 않은 자들을 구분하지 않았나?

물론 이것이 모두 무의미하다는 것은 아니다. 그러나 그 속에서 우리가 가장 본질적인 것을 놓쳐버리지 않았느냐는 것이다. 너무 당연하다고 하면서 말이다. 이제 교회는 원래 주님이 의도하신 모습으로 돌아가야 한다.

주님의 음성과 인도하심을 따라가라

내 양은 내 음성을 들으며 요 10:27

그러나 진리의 성령이 오시면 그가 너희를 모든 진리 가운데로 인도하시리니 그가 스스로 말하지 않고 오직 들은 것을 말하며 장래 일을 너희에게 알리시리라 요 16:13

귀 있는 자는 성령이 교회들에게 하시는 말씀을 들을지어다
계 2:29

양인 성도와 그 양이 함께 몸을 이루고 있는 교회의 핵심은 목자 되신 주님의 음성을 듣고 그 인도하심을 따라가는 것이다. 이제 우리는 우리 자신이 그렇게 할 수 있도록 훈련을 통해 세워져야 한다.

교회는 이것을 고민해야 한다. 그러나 그렇게 되기 위해 가이드라인 북이나 매뉴얼 같은 말씀을 제공하라는 것이 아니다. 성도 스스로 말씀 앞에 자신을 세워서 기록된 말씀을 통해 말씀하시는 주님의 음성을 듣기 위해 몸부림치는 자들로 도전해야 한다. 아름다운 찬양과 영적 분위기를 만들어

주는 기도의 자리에 익숙해지기보다 광야와 같이 아무도 없는 기도의 자리를 지켜내는 자로 서도록 훈련해야 한다.

우리가 왜 현실에서 늘 맥없이 무너지는지 그 이유가 자명하지 않은가? 우리가 살아가는 현실에는 우리를 격려하고 위로해주는 나긋나긋한 목소리가 흘러나오지 않는다. 기도 잘하라고 아름다운 찬양 반주를 틀어주거나 조명을 어둡게 조절해주지도 않는다. 우리가 살아가야 하는 세상은 '어떻게 하면 성공할까? 어떻게 하면 더 챙길까?' 이글거리는 눈빛으로 먹잇감을 노리는 자들이 모여 있는 곳이다.

우리는 그 한복판에 서서 믿음으로 살아내야 한다. 주님의 의중을 분별하고 순종해야 한다. 어떻게? 우리는 너무나 오랫동안 잘 준비된 세팅 위에서 누리기만 하는 신앙생활에 길들여졌다. 이제는 세팅이 없는 광야에서 말씀과 기도로 돌파하는 훈련을 시작해야 한다. 왜? 앞으로 우리가 살아갈 세상은 더 노골적이고 악의적으로 우리가 믿는 주님과 성경의 진리를 대적할 것이기 때문이다.

물론 나도 이 부분에서 회개할 것이 참 많다. 어떻게 하면 더 좋은 것을 먹일까, 어떻게 하면 되도록 힘들이지 않고 영적으로 많이 먹일 수 있을까 하는 욕심에 목사인 내가 성도들을 안일하고 편안하게 만들어버렸기 때문이다. 따라서 이것은 누구의 잘못이라거나 판단할 일만은 아니다.

다만 이제는 새로운 시즌으로 들어가기 위한 재정비가 필요한 시점으로, 그 변화가 시급한 때에 와 있다고 할 수 있다. 고(故) 이건희 회장께서 "마누라와 자식만 빼고 다 바꿔야 한다"라고 말한 것처럼 본질은 사수하되 대대적인 개혁과 변화가 이루어져야 한다.

근본으로 돌아가자

이 개혁의 핵심은 근본으로 돌아가자는 것이다. 원래 교회가 해오던 모습으로, 원래 교회가 가진 교회다운 모습으로 돌아가는 것이다.

2천 년 전 교회의 핵심이 무엇이었는가? 여러 가지가 있지만, 구약시대와 달리 새 가죽 부대가 된 교회의 생명력은 무엇인가? 성령으로 거듭나 성령을 통해 주님의 음성을 듣고 그 음성을 좇아 순종하는 삶을 사는 것이 아닌가?

특별히 사람들이 만들어낸 시스템과 방식들이 제대로 작동되지 않는 이 코로나 시즌에 더더욱 그렇지 않은가? 앞으로 코로나와 같은 돌발적인 문제나 상황들이 얼마나 빈번하게 일어날지 이미 예상할 수 있지 않은가? 그리고 그 앞에서 잘 짜여진 교회 조직과 프로그램과 시스템을 토대로 해오던 익숙한 방식들이 하루아침에 무용지물이 되는 것을 이미 경험하지 않았는가? 성도들 역시 오랫동안 익숙해서 어려움 없이 해오던 모든 신앙생활이 하루아침에 멈춰진 것을 경험하지 않았는가?

더 당혹스러운 것은 이런 변화가 이제 시작에 불과하다는 사실이다. 그렇다면 앞으로는 누가 살아남을 수 있겠는가? 누가 신앙생활을 제대로 할 수 있겠는가? 신약시대에 믿음의 삶을 살았던 사람들의 공통적인 특징을 한 가지 뽑으라면 무엇인가? 맞다. 성령의 인도하심에 따라 주님의 세미한 음성을 좇아 사는 것이다. 다른 어떤 말로 둘러대도 이것은 분명하다.

결론적으로 우리가 성령의 인도하심을 듣고 따라갈 때 우리는 세상의 시스템과 조직의 거대한 힘을 이길 수 있는 다른 차원의 삶을 살 수 있게 된다. 시대를 운행하시는 하나님의 세계경영에 동참하는 삶으로 들어갈 수 있게 된다. 마지막 때 주님의 놀라운 반격에 동참하는 삶을 살 수 있다. 이 일은 다시 오실 주님의 길을 예비하는 삶이 될 것이다.

그렇다면 원래 교회의 모습 그대로, 몸인 교회 공동체와 그 몸을 이루는 성도 개개인이 주님의 음성을 들을 수 있도록 자신을 준비하는 것이 앞으로 교회의 관건이라고 믿는다.

말씀을
들을 수 있는 자

사 28:23-29

하나님의 말씀만이 소망이다

하나님은 당신의 택한 백성들이 온전한 삶을 회복하도록 때
때로 연단하시고 징계하신다. 그러나 징계의 핵심은 심판이
아니라 '회복'이다. 그래서 택한 하나님의 자녀들은 매를 맞
아도 소망이 있다.

그럼 이사야서에는 하나님께서 택하신 당신의 백성 이스라
엘과 남왕국 유다를 징계하시고 채찍질하시는 근본적인 원인
을 무엇이라고 말하는가? 아주 간단하다. "하나님의 말씀을
안 들었기 때문이다." 좀 더 노골적으로 표현하면 "듣지 않
으려고 한 것이고, 듣고 깨달아도 순종하기를 거부했기 때문

이다." 그 결과는 강력하고 뜨거운 하나님의 터치였다.

그러나 이런 징계보다 더 무서운 것이 있다. 그것은 하나님의 말씀을 오래 듣지 않다보니 이제는 듣고 싶어도 들을 수 없는 상태가 되었다는 것이다. 처음에는 들려도 안 들으려고 했다. 그러다보니 나중에는 아예 들을 수 없는 상태가 된 것이다. 영적으로 방황하다가 돌아와서 이제는 주님의 인도하심을 좇아 제대로 살겠다고 결단한 사람들이 가장 많이 직면하는 딜레마다.

그러나 이보다 더 무서운 단계가 있다. 급기야 하나님께서도 아무 말씀을 하시지 않는 상태, 아무 이상도 나타내시지 않는 상태다. 일명 하나님의 침묵이다. 이스라엘 역사 가운데서도 그런 때가 있었다.

아이 사무엘이 엘리 앞에서 여호와를 섬길 때에는 여호와의 말씀이 희귀하여 이상이 흔히 보이지 않았더라 삼상 3:1

왜 말씀(Word)과 이상(Vision)이 희귀할 정도로 없었는가? 도대체 들으려고 해야 말씀하시고, 보려고 해야 보여주시지 않겠는가? 이미 눈과 귀를 의도적으로 닫고 있어서 말씀하거나 보여주거나 아무 관심도 없이 오랜 시간이 지나버린 것이다. 그래서 이제는 하나님도 말씀하지 않으시고 보여주지도 않으시는 상태로 사사시대를 지나 사무엘에 이르게 된 것이다.

그런데 어느 날 하나님께서 말씀하시기 시작했다. 어린 사무엘의 이름을 부르시며 다시 하나님께서 말씀하시고 환상으로도 나타내주신 것이다. 아니 갑자기 왜? 들을 수 있는 자가 일어났기 때문이다. 듣고자 하고 보고자 하는 자가 일어났기 때문이다.

지금 우리 시대도 마찬가지다. 하나님의 말씀을 듣고자 하는 자, 하나님의 인도하심을 구하는 자들이 일어나면 하나님은 말씀하시고 보여주신다. 그리고 하나님이 행하실 일들을 깨닫고 준비하도록 하신다. 차라리 징계와 연단의 말씀이라도 말씀하시는 것이 소망이다. 하나님께서 아무 말씀도 하시지 않는 인생이나 교회, 나라와 민족에게는 소망이 없다.

하나님의 침묵

말라기 선지자 이후 약 400년 동안 이스라엘에는 하나님의 말씀을 받는 선지자가 나타나지 않았다. 그야말로 400년의 침묵기였다. 물론 다른 관점에서 보면 그 안에 놀라운 하나님의 섭리가 있음을 볼 수 있지만, 드러난 사실로만 본다면 하나님께서 400년 동안 침묵하신 것은 사실이다. 그런데 그분이 400년 만에 침묵을 깨고 말씀하시는 사건이 나온다.

> 디베료 황제가 통치한 지 열다섯 해 곧 본디오 빌라도가 유대의 총독으로, 헤롯이 갈릴리의 분봉 왕으로, 그 동생 빌립이 이두래와 드라고닛 지방의 분봉 왕으로, 루사니아가 아빌레네의 분봉 왕으로, 안나스와 가야바가 대제사장으로 있을 때에 하나님의 말씀이 빈 들에서 사가랴의 아들 요한에게 임한지라 눅 3:1,2

이것을 현대적인 의미로 재해석해보면, "OOO가 미국의 대통령으로 있고, OOO가 러시아의 대통령으로 있고, OO이 일본의 총리로 있고, OOO이 중국의 주석으로 있고, OOO이 대한민국의 대통령으로 있고, OOOO가 로마 교황으로 있을 때 여호와의 말씀이 빈 들에서 어느 교회 아무개에게 임하였더라"이다.

말씀을 받는 자, 말씀을 받는 공동체 그리고 말씀을 받는 민족과 나라가 결국 하나님의 세계경영에 동참한다. 사실 더 놀라운 것은 400년 침묵 이후 가장 먼저 하나님의 말씀을 받은 것은 세례 요한이 아니라 그의 아버지 사가랴였다.

마침 사가랴가 그 반열의 차례대로 하나님 앞에서 제사장의 직무를 행할새 제사장의 전례를 따라 제비를 뽑아 주의 성전에 들어가 분향하고 모든 백성은 그 분향하는 시간에 밖에서 기도하더니 주의 사자가 그에게 나타나 향단 우편에 선지라 눅 1:8-11

삶을 증명해 보이라

주의 사자가 왜 400년의 침묵을 깨고 사가랴에게 임하였다고 생각하는가?

유대 왕 헤롯 때에 아비야 반열에 제사장 한 사람이 있었으니 이름은 사가랴요 그의 아내는 아론의 자손이니 이름은 엘리사벳이라 이 두 사람이 하나님 앞에 의인이니 주의 모든 계명과 규례대로 흠이 없이 행하더라 눅 1:5,6

우리가 잘 아는 대로 예수님과 세례 요한은 같은 해에 태어났다. 그러니까 본문의 사건은 예수님이 본격적으로 사역하시기 30여 년 전에 일어난 것이다. 그렇다면 당시 영적 분위기가 어떠했을 것으로 생각하는가? 맞다. 대제사장들과 바리새인들 그리고 서기관들 모두 상태가 영 좋지 않았다. 그때 사가랴와 엘리사벳은 "주의 모든 계명과 규례대로 흠이

　　　　　　　　　　　　　　하나님의 반격

없이 행하더라", 이것이 하나님께서 침묵을 깨고 사가랴에게 말씀하신 이유다.

그가 제사장으로서 성전을 섬기기 시작한 때부터 나이 많아 소망이 다 끊어지기까지 타협하지 않고 오랜 시간을 몸부림치며 신앙을 지켜낸 어느 날 하나님의 말씀이 임한 것이다.

그러니 우리도 먼저 준비되어야 한다. 나의 신앙이 모양만이 아닌 진짜이며 실제라는 것을 하나님 앞에 증명받아야 한다. 하나님께 인정받을 수 있는 영적인 돌파를 경험해보지 못했으면서 세상을 돌파하겠다고 하는 말은, 훈련도 안 해보고 무장도 안 되어 있는 상태에서 전쟁에 나가 승리하겠다는 말과 같다.

듣는 마음을
키워라

사 28:23-29

말씀하시는 하나님

> 너희는 귀를 기울여 내 목소리를 들으라 자세히 내 말을 들으라

사 28:23

이 말씀을 보자마자 무슨 생각이 드는가? 너무 깊고 심오하게 생각하지 말고 아주 단순하게 생각해보라. 무엇이 분명한가? 너무 당연해서 그냥 지나칠 만큼 확실한 것이 무엇인가? 하나님은 말씀하시는 분이라는 사실이다.

우리에게 귀를 기울여 들으라는 이유는 명확하다. 하나님

께서 말씀하시는 분이기 때문이다. 하나님은 영이시고 우리와 같은 인격이시다. 우리와 같은 물질적인 몸은 없으시지만 분명한 인격을 가지고 지정의(知情意)를 통해 지적으로 깨닫고, 정적으로 느끼고, 의지적으로 결정하시는 분이다.

무엇보다 이런 인격적인 기능을 통해 우리와 교제하시고 대화하시는 분이다. 이것이 하나님께서 다른 피조물과는 달리 사람을 하나님의 형상을 닮은 인격적인 존재이며 동시에 영적인 존재로 창조하신 이유다.

하나님의 음성은 들을 수 있다!

그럼 무엇이 우리와 하나님과의 대화(커뮤니케이션)를 막았는가? 왜 우리는 하나님의 음성을 듣고 그분과 소통하는 것을 낯설게 느끼는 상태에 이르게 되었는가?

바로 죄 때문이다. 죄가 우리와 하나님 사이를 갈라놓았다. 영적인 존재인 우리를 영이신 하나님과 단절시키고 우리의 영의 기능을 무력화시켜서 육과 혼의 기능만을 가지고 살다가 결국은 멸망하도록 만든 것이다.

죄사함을 통해 거듭나서 영적인 존재가 된 우리는 영으로 인격으로 다시 하나님과 교제하고 대화할 수 있는 존재, 근본적으로 다른 존재가 되었다. 따라서 성경은 너무나 자연스럽게 "이스라엘아 들으라!", "내 양은 내 음성을 들으며", "성령이 교회들에 하시는 말씀을 들을지어다" 이렇게 선포한다. 하나님은 말씀하시는 분이며 하나님의 자녀인 우리는 하나님과 교통할 수 있는 존재이니 들으라는 것이다.

그러므로 가장 먼저 하나님의 음성을 들을 수 없다는 거짓과 묶임으로부터 자유케 되기를 도전한다. 그리고 스스로 선포하기를 원한다. "나는 하나님의 음성을 들을 수 있다. 나는 하나님의 구체적인 인도하심을 받을 수 있다."

이제는 누가 대신해주는 것이 아니라 거듭난 내가, 주님의 양인 내가, 내 안에 살아 역사하시는 성령님의 인도하심을 따라 목자 되신 그분의 음성과 인도하심을 받을 수 있음을 믿고 선포해야 한다.

왜 들어야 하는가?

이 도전을 하고 나면 사람들은 곧바로 이렇게 질문한다. 그럼 어떻게 들어야 하냐고…. 하나님의 음성을 듣는 특별한 은사나 기술 또는 방법이 있는지 묻는 것이다. 온통 "어떻게 들어요? 어떤 방법이 있어요? 특별한 기술이나 영적인 은사가 필요한가요?" 이렇게 전부 '어떻게'(How)에 매달린다. 놀랍게도 성경은 강조라도 하듯이 두 부분으로 나누어 설명하고 있다.

> 너희는 귀를 기울여 내 목소리를 들으라 자세히 내 말을 들으라
> 파종하려고 가는 자가 어찌 쉬지 않고 갈기만 하겠느냐 자기 땅
> 을 개간하며 고르게만 하겠느냐 지면을 이미 평평히 하였으면 소
> 회향을 뿌리며 대회향을 뿌리며 소맥을 줄줄이 심으며 대맥을 정
> 한 곳에 심으며 귀리를 그 가에 심지 아니하겠느냐 이는 그의 하
> 나님이 그에게 적당한 방법을 보이사 가르치셨음이며 소회향은
> 도리깨로 떨지 아니하며 대회향에는 수레바퀴를 굴리지 아니하고
> 소회향은 작대기로 떨고 대회향은 막대기로 떨며 곡식은 부수는
> 가, 아니라 늘 떨기만 하지 아니하고 그것에 수레바퀴를 굴리고
> 그것을 말굽으로 밟게 할지라도 부수지는 아니하나니 이도 만군
> 의 여호와께로부터 난 것이라 그의 경영은 기묘하며 지혜는 광대
> 하니라 사 28:23-29

　감사하게도 여기서 이사야는 우리가 어떻게 들어야 하는
지, 그리고 왜 들어야 하는지 자세한 예화를 들어가며 설명
해준다. 그런데 우리는 왜 들어야 하는지는 당연히 안다고
생각해서 어떻게 들어야 하는지를 매우 소상히 설명할 것으
로 기대하는데, 본문은 의외로 정반대다. 말씀을 자세히 보

면 어떻게 들어야 하는지는 23절 단 한 구절로 간단히 말씀한다. 반대로 왜 들어야 하는지를 비유로 총 여섯 구절에 걸쳐서 상세히 설명하고 있다.

즉, 말씀의 원 저자이신 성령님도 우리에게 필요한 것은 어떻게 들어야 하느냐 하는 방법의 문제가 아니라 왜 들어야 하는지에 대한 확신이 더 필요하다고 말씀하신 것이다.

처음 하나님의 말씀은 '소리'였다. 모세 이전에도 그렇고 모세가 하나님의 말씀을 율법과 규례로 받을 때도 하나님의 말씀은 소리였다. 하나님은 들은 말씀을 후대에 전하도록 기록하라고 말씀하시고, 기록된 말씀에 대해서 다음과 같이 명령하셨다.

이 율법책을 네 입에서 떠나지 말게 하며 주야로 그것을 묵상하여 그 안에 기록된 대로 다 지켜 행하라 그리하면 네 길이 평탄하게 될 것이며 네가 형통하리라 수 1:8

처음 소리로 선포되었던 말씀을 그 후에 기록하여 보관한 것이다. 이스라엘 후세대들과 우리는 기록된 말씀을 주야로 묵상하여 처음 선포되었던 소리를 다시 듣는 것이다. 소리가 기록된 말씀이 되었고 그 말씀을 통하여 우리는 다시 소리를 듣는 것이다.

얼마나 놀라운 하나님의 섭리인가? 복잡하지 않다. 여기서 한 가지 분명한 것이 무엇인가? 하나님은 기록된 말씀을 통해 우리에게 말씀하신다는 사실이다.

듣는 마음

기록된 말씀을 읽으며 하나님이 지금 나에게 말씀하신다고 믿고, 그 말씀 앞에 어떻게 반응할 것인가를 고민하고 씨름하라.

묵상을 가리키는 단어인 '하가'의 원어적 의미는 "천천히 소리내어 읊조리듯 반복하여 읽는 것"이다. 그렇게 하는 과정 자체가 묵상이다. 그리고 '시아흐'는 "깊이 생각하며 반응하는 것(경배한다는 의미를 포함)"을 의미한다.

매일 일정한 분량의 기록된 말씀을 천천히 소리내어 읊조리듯 반복해서 읽으면서 하나님께 질문하는 것이다. "하나님, 기록된 이 말씀을 통하여 지금 저에게 무엇을 말씀하시기 원하십니까?" 그런 다음 하나님이 말씀하시기를 기다리는 것이다. 그리고 다시 본문을 반복해서 읽으며 질문하고 다양한 경로를 통해 말씀하시는 주님의 음성에 마음과 생각을 기울이는 것이다. 그때 오는 감동, 마음의 부담, 들어오는 생각들, 나도 모르게 나오는 탄식과 애통함 또는 기억나는 단어들과 사건들, 내적인 깨달음과 음성들, 이것이 하나님께서 말씀하시는 통로들이다.

이 과정들을 통해 우리는 솔로몬이 하나님께 구했던 '지혜'의 어원적 의미인 "듣는 마음"(왕상 3:9)을 키우는 것이다. 만약 우리가 이미 선포하셨고 기록되어진 말씀을 통해서도 하나님의 음성을 듣지 못하거나 반응하지 못한다면, 어떻게 더 구체적이고 세밀하고 개인적 차원에서 말씀하시는 하나님의 음성을 들을 수 있겠는가?

미안하지만 거짓말이다. 설령 그렇게 들었다 하더라도 그것이 하나님의 음성인지 무엇으로 분별하겠는가? 걷지도 못하는 사람이 뛴다고 말하는 것과 같다. 물론 이 과정 이후 더 깊고 세밀한 차원의 묵상 과정과 훈련이 있지만, 기본은 기록된 말씀을 천천히 소리내어 읊조리듯 반복해서 읽으면서 말씀하시는 주님의 음성을 듣는 것이다.

04

다시
말씀해주세요

사 28:23-29

어떻게 들어야 하는가?

이제 다시 원점으로 돌아가서 질문해보자. 우리가 어떻게 하나님의 음성을 들을 수 있는가? 아마 너무 당혹스러울 만큼 간단하고 쉬워서 무어라 길게 설명하려고 해도 할 수 없을 것이다.

> 너희는 귀를 기울여 내 목소리를 들으라 자세히 내 말을 들으라
>
> 사 28:23

하나님은 "내 목소리를 들으라", "내 말을 들으라"라고 말

씀하시면서 "너희는 귀를 기울여" 듣고, "자세히" 들으라고 말씀하셨다. 주님의 음성을 들으려면 "귀를 기울여서 자세히 들으라"라고 하시는 것이다.

방법이나 기술이 아니라 듣고자 하는 사람의 태도에 대해 말씀하는 것이다. 많은 경우 우리가 하나님의 음성을 듣지 못하는 이유는 기술적인 문제나 방법에 있는 것이 아니라 '태도'에 있다는 뜻이기도 하다. 북왕국 이스라엘과 남왕국 유다가 하나님의 음성을 듣지 못했던 이유도 '교만과 오만'이라는 지적이 정확하지 않은가?

아주 간단한 예를 들어 설명하겠다. 우리가 누군가와 대화하다 잘 못 들었거나 들었는데 이해하지 못했다면 어떻게 하는가? 그때부터 어마어마한 '듣는 기술'을 동원하기 시작하는가? '듣기 능력'을 발휘하는가? 무슨 특별한 장비를 준비하는가? 아니다. 아주 간단하다. "뭐라고? 다시 한번 말해줄래? 못 들었어" 또는 "못 알아들었어"라고 말하고 나서 잘 듣고 이해하기 위해 다시 귀를 기울여 집중하는 것이다.

주님이시구나!

사실 이것이 정답이다. 듣기 위해 집중하는 것, 듣기 위해 마음과 생각을 모으는 것이다. 그리고 상대가 자세히 말하도록 기다린다. 마찬가지로 처음 하나님의 음성을 듣고 이 해하지 못했으면 다시 기록된 말씀을 읽으면서 주님을 집중 하며 기다린다. 여전히 못 알아듣겠으면 성령님께 다시 말씀 해달라고, 도와달라고 요청한 뒤 다시 집중해서 말씀을 읽으 며 인도하심을 구한다.

그러다보면 말씀이 단순히 지식과 정보만이 아닌, 그 말씀 안에 있는 주님의 의중과 뉘앙스 그리고 감정을 통하여 마음 으로 전해진다. 그러면 앞서 언급한 대로 다양한 통로로 구 체적으로 하나님의 음성이 들려오기 시작하는 것이다.

반대로 태도가 교만하거나 오만한 사람들은 남에게 귀를 기울이지 않는다. 들었다 할지라도 마음으로 받지 않는다. 그러니 머리로는 알아도 마음이 움직이지 않는 것이다. 성경 은 우리가 하나님의 말씀을 어떻게 들어야 하는지 간결하지 만 분명하게 가르쳐준다.

오늘 내가 네게 명하는 이 말씀을 너는 마음에 새기고 신 6:6

머리가 아니라 마음에 천천히 깨달아지듯 들릴 때 말씀의 역사가 일어난다. 그렇게 마음으로 받은 음성을 품고 다시 본문을 읽으면서 확인하는 어느 순간 "주님이시구나! 주님이 말씀하시는구나!" 하는 이것을 내적으로 또는 영적으로 확신하게 된다. 그때 말씀이 마음에 새겨지게 되고 그 말씀이 우리의 마음을 움직인다.

물론 처음부터 모든 것이 분명하고 매끄럽게 진행되지는 않는다. 여러 번의 시행착오를 겪기도 하고 어려움에 직면하기도 한다. 모든 일에는 과정이 있고 훈련이 필요하다.

그러나 1년, 2년, 5년을 반복하다보면 어느 순간 내 안에 주님의 음성을 들을 수 있는 내적인, 그리고 영적인 준비가 된다. 그렇게 준비된 이후에는 다양한 경로들을 통해 말씀하시는 주님의 음성과 인도하심도 분별할 수 있는 단계로 나아갈 수 있다.

이 준비가 결국 목자 되신 주님의 음성을 듣고 따라가는 삶으로 우리를 인도한다. 마지막 때가 가까울수록 이것이 다른 어떤 것보다 중요하다는 것을 확신하게 될 것이다.

기존의 시스템과 방식들, 즉 익숙해져 있던 틀이 작동하지 않을 때 세미한 음성과 인도하심을 분별하고 하루하루 주님과 동행하는 삶이야말로 마지막을 준비하는 데 있어서 매우 중요한 핵심이 된다.

하나님의 방법을 깨달을 자

그다음은 다시 "왜 들어야 하는가?"이다. 나는 이사야서 28장 24절부터 29절까지의 말씀을 묵상하다가 하마터면 농사를 지을 뻔했다. 농사를 설명하는 이 말씀은 크게 두 부분으로 나누어져 있다.

첫 번째는 "땅을 고르고 씨를 뿌리는" 내용이다. 그다음은 "추수한 것을 떨어 알갱이를 구분하는 것과 그 알갱이를 쓸 수 있는 곡식으로 준비하는" 과정에 대한 말씀이다. 가장 먼저 땅을 고르고 씨를 뿌리는 부분이다.

> 파종하려고 가는 자가 어찌 쉬지 않고 갈기만 하겠느냐 자기 땅을 개간하며 고르게만 하겠느냐 사 28:24

이 말씀에서 묻어나는 뉘앙스가 느껴지는가? 무엇을 강조하려고 하는지 그 핵심이 보이는가? 쉽게 말하면 어떤 정신 나간 농부가 1년 내내 땅을 갈기만 하고 고르게만 하겠느냐는 의미다. 땅을 갈고 고르게 하는 이유는 결국 25절 말씀처럼 씨를 뿌리기 위해서라는 것이다.

> 지면을 이미 평평히 하였으면 소회향을 뿌리며 대회향을 뿌리며

소맥을 줄줄이 심으며 대맥을 정한 곳에 심으며 귀리를 그 가에
심지 아니하겠느냐 **사 28:25**

그러나 땅이 평평하다고 대충 아무렇게나 씨를 뿌리는 것
은 아니다. 각 씨앗에 따라 뿌리는 방법이 다르다. 먼저 여기
서 언급하고 있는 씨들의 의미를 정리해보자. 같은 한국말인
데 나도 이게 무슨 씨인지 잘 몰라서 혼동되었다.

먼저 소회향은 영어로 'dill'인데 일종의 허브 같은 씨다. 그
리고 대회향은 영어로 'cummin'인데 예수님이 언급하신 "박
하와 회향의 십일조"라고 말하는 회향의 일종으로 향신료와
같은 씨다. 그다음으로 소맥은 밀이고, 대맥은 보리다. 마지
막으로 귀리는 호밀이다.

가장 먼저 소회향과 대회향, 즉 "허브와 향신료" 같은 씨
는 흩뿌리는 것이 맞다. 그러나 소맥인 밀은 줄줄이 심고, 정
확히 표현하면 줄에 맞추어 지정하듯 또는 배치하듯 심으라
고 말한다. 그냥 막 뿌리는 것이 아니다. 물론 왜 그렇게 해
야 하는지 그 부분까지는 나도 잘 모른다. 어쨌든 앞에 두
씨와 달리 밀은 줄에 따라 정확히 배치하듯 심어야 한다는
것이다.

그다음 대맥인 보리도 그냥 뿌리는 것이 아니라 정한 곳,

즉 "지명하다, 지정하다"라는 의미로 평평한 곳 아무데나 뿌리는 것이 아니라 그 씨를 뿌리도록 지정된 곳에 뿌리라는 말이다.

마지막으로 귀리는 땅 가운데가 아니라 다른 씨들을 뿌린 다음 그 가장자리에 심으라고 기록되어 있다. 자, 그럼 이때 당연히 나오는 질문이 있다. "아니, 그걸 어떻게 다 알아?" 그 해답이 26절이다.

> 이는 그의 하나님이 그에게 적당한 방법을 보이사 가르치셨음이 며 사 28:26

그렇다면 하나님이 보여주시고 가르쳐주시는 이 모든 적당한 방법을 누가 깨달을 수 있을까? "귀를 기울여 자세히 듣는 사람들"이다. 이 말씀은 농부가 농사하는 것을 설명하고 있지만, 핵심은 결국 하나님께서 그 적당한 방법을 가르치시고 보여주신다는 것이다.

05

주인이 책임지고
인도하는 삶

사 28:23-29

말씀을 듣지 않는 인생의 결과

이 시대를 사는 우리 개인에게도 이 과정은 매우 중요한 메시지를 주고 있다. 각자가 속해 있는 전문 영역 안에서도 이 원리는 같기 때문이다. 만약 주님의 말씀에 귀를 기울여 경청하지 않으면 어떤 결과가 나올까? 대략 두 가지 문제에 직면한다.

첫째, 농부가 평생 땅만 고르고 평평하게 했지 정작 씨를 뿌리는 단계에 들어가지 못하는 것과 같이 우리가 구체적인 다음 단계로 들어가지 못한 채 계속 기초만 준비하다가 마치는 인생이 된다.

하나님의 반격

신앙생활에서도 그렇고 전문 영역 안에서도 이렇게 기초 과정만 맴돌며 준비만 하다가 마치는 인생이 있다. 발전이 없는 인생, 본격적인 다음 단계로 나아가지 못하고 제자리걸음 하는 인생이다. 얼마나 답답하고 소망 없는 삶이 되겠는가?

둘째, 열심히 땅을 갈고 씨도 뿌렸다. 그러나 하나님으로부터 오는 지혜와 인도하심이 아니라 자기 마음대로 뿌리는 것이다. 마치 사업이나 삶의 중요한 일들을 자기 생각대로 시작해서 뭔가 열매도 있고 추수할 때도 된 것 같아 막상 낫을 대보니 제대로 익은 것, 덜 익은 것, 너무 익어서 곯은 것, 심할 때는 이것저것이 다 뒤섞여 있는 것이다. 겉으로는 뭔가 된 것 같아 보이는데 가치 있는 열매가 없는 인생으로 마치게 된다.

나는 내 삶의 주인이 아니다

내가 지금도 종종 당혹스러워하는 신앙의 모습이 있다. 하나님의 구체적인 말씀이나 인도하심 없이 본인이 다 계획하고 결정해서 일을 진행한 다음 하나님께 도와달라고 매달리는 것이다. 물론 그렇게라도 하는 것이 안 하는 것보다 낫고, 초신자의 경우 주님이 그런 어린아이 수준의 간구에도 응답해주신다.

그러나 그 모습이 계속 반복되면 좀 곤란하지 않겠는가? 창세기에 보면 하나님께서 창세 전부터 계획하신 뜻이 이루어질 시기가 되었을 때 아브라함을 부르신다. 그런데 하나님이 그의 이름을 부를 때마다 아브라함이 하나님 앞에 나아가 "히네니"라고 대답한다.

'히네니'는 히브리어로 "다 준비되었으니 말씀만 하옵소서"라는 의미다. 그런데 만약 내가 다 계획하고 결정해서 일을 시행한 다음 "하나님" 하고 부르면 그때 하나님께서 "히네니"라고 하셔야 하는가? 그렇다면 도대체 누가 인도자이고 누가 따르는 자인가?

거듭났다는 의미는 주인이 바뀌었다는 것이다. 삶의 인도자가 바뀐 것이다. 만약 주인이 바뀌지 않았다면 사실 거듭난 것이 아니다. 왜냐하면 우리의 신앙고백의 핵심은 내가 죄인이라는 사실과 내가 내 삶의 주인이 아니라는 것이기 때문이다.

물론 하나님은 여전히 우리를 도와주시는 분이다. 그러나 성경을 자세히 보라. 내가 다 계획하고 결정한 일을 하나님께서 도와주시는 것이 아니다. 내가 어디로 나아가야 할지, 구체적으로 어떤 일을 어떻게 해야 할지 하나님께서 깨닫게 하시고 인도해주시는 것, 성경은 그것을 말하고 있다.

내가 주인 되어 스스로 결정하고 행할 때 우리는 우리 자신의 한계, 상황 그리고 환경에서 오는 제약을 뛰어넘기가 힘들다. 그러나 주님이 주인 되어 인도하시는 삶은 나의 한계와 상황에 제한을 받지 않는다. 왜냐고? 그분이 책임지고 인도하시는 삶이기 때문이다. 더욱이 그분이 인도하시는 삶에는 놀라운 반전의 역사가 일어난다.

이것이 우리가 하나님의 음성을 들어야 하는 이유다. 마지막 때에 우리는 간단하지만 핵심적인 이 영적 원리가 얼마나 중요한지 깨닫게 될 것이다. 우리는 그것을 지금이라도 준비해야 한다.

우리의 수고가 헛되지 않는 방법

다음은 그렇게 얻은 알곡을 잘 떨고 빻아 온전한 곡물이 되도록 하는 과정에 대한 말씀이다.

소회향은 도리깨로 떨지 아니하며 대회향에는 수레바퀴를 굴리지 아니하고 소회향은 작대기로 떨고 대회향은 막대기로 떨며 곡식은 부수는가, 아니라 늘 떨기만 하지 아니하고 그것에 수레바퀴를 굴리고 그것을 말굽으로 밟게 할지라도 부수지는 아니

핵심은 간단하다. 작대기와 막대기로 떨어서 알맹이를 얻어야 하는데 만약 도리깨로 치거나 수레바퀴를 굴려서 얻으려고 하면 원하는 대로 얻을 수 없다는 것이다.

소회향과 대회향인 허브와 향신료들은 열매가 작아서 도리깨로 쳐서 떨지 않고 수레바퀴를 굴리면 다 부서진다. 대신 작대기나 막대기로 하나하나 떨어서 알곡을 얻어야 한다. 그렇게 얻은 알곡을 잘 빻아서 준비하는 과정에도 구체적인 방법들이 있다는 말씀이다.

만약 이것을 무시하고 자기 마음대로 해버리면 추수를 해도 제대로 된 알곡을 얻지 못한다. 알곡을 얻어 제대로 빻거나 밟아야 다 으깨지지 않고 부서지지 않은 온전한 곡식을 얻게 되기 때문이다. 즉 수고는 수고대로 하고 눈앞에 열매도 얻었는데 결정적인 순간 으깨지고 부서져서 "다 새 나간다"라는 말이다.

가끔 그런 분들이 있다. 직장이나 사업 그리고 가정에서도 마찬가지다. 눈앞에 일이 다 성사되어 이제 거의 마무리가 된다 싶을 때 일이 틀어져서 결국 그동안 해온 모든 수고가 수포로 돌아갔다는 분들이다.

이런 분들의 안타까운 고백을 들은 적이 있는가? "차라리 그동안 수고하지 않았거나 어느 정도의 열매를 눈으로 보지 못했다면 답답하거나 안타까울 것도 없을 텐데…" 그래서 결론이 무엇인가? 수고해서 얻은 열매를 마지막까지 얼마나 온전히 지켜내느냐, 그것 역시 끝까지 하나님의 음성에 귀를 기울여 경청하고 인도하심을 받아 행하는 것이 중요하다는 것이다. 왜?

이도 만군의 여호와께로부터 난 것이라 그의 경영은 기묘하며 지혜는 광대하니라 사 28:29

놓치면 죽는다!

처음에 우리는 겸손히 주님의 음성을 듣기 위해 기도하며 말씀 앞에 머물며 한 걸음 한 걸음 인도하심을 좇아간다. 직장생활이나 믿음생활도 그렇고 전문 영역 안에서도 마찬가지다. 그러나 시간이 흘러 인도하심을 받고 순종하는 삶이 익숙해지고 어느 정도 열매가 보이면 우리는 태도가 변한다. 더 겸손히 더 구체적인 인도하심을 구하며 나아가야 하는데 그렇지 못하다. 어느 순간 우리는 교만해지고 게을러진다. 하나님의 음성을 듣고 구체적인 인도하심을 받고 따라가기보다 대충 또는 세상에서 익숙한 방법대로 무심코 행할 때가 많다.

따라서 우리가 마지막까지 인도하심을 따라갈 수 있도록 그것을 중간중간 기억할 수 있는 장치가 필요하다. 가령 교회 안에 작은 정규 모임을 통해서, 또는 자기 스스로 매일매일 말씀 앞에서 인도하심을 구하는 영적 습관들을 놓치지 않는 것이다. "이것을 놓치면 나는 죽는다. 이렇게 안 하면 나는 내가 다시 주인 된다." 아주 간단하지만 이 영적 원리를 반드시 기억해야 한다. 이 간단한 영적 장치가 심오하고 깊은 영적 체험보다 몇 배는 더 중요하다.

주님 앞에 나아가 귀를 기울여 그분의 말씀을 경청하는 태도가 나의 신앙의 틀이 될 때 주님의 음성을 듣고 따라가는 삶은 매우 자연스러워지고, 실제적인 영역에서도 가능해진다. 그리고 이 익숙함이 결정적으로 내 인생의 피할 길과 나아갈 길을 분별할 수 있도록 도와준다. 그 예가 다니엘과 세 친구들이다.

이에 다니엘이 자기 집으로 돌아가서 그 친구 하나냐와 미사엘과 아사랴에게 그 일을 알리고 하늘에 계신 하나님이 이 은밀한 일에 대하여 불쌍히 여기사 다니엘과 친구들이 바벨론의 다른 지혜자

하나님의 반격

들과 함께 죽임을 당하지 않게 하시기를 그들로 하여금 구하게 하니라 단 2:17,18

느부갓네살 왕이 자신의 꿈과 꿈의 해석을 말하지 않으면 나라의 마술사와 주술가와 점성가들, 모든 지혜자들을 죽이겠다고 하자 다니엘과 그의 친구들은 늘 하던 대로 기도의 자리에 나아가 주님의 음성과 인도하심을 구한다. 결국 하나님으로부터 오는 메시지로 이 위기를 돌파한 것이다. 이 사건 후 다니엘은 그의 인생 말년에 더 당혹스러운 위기에 직면한다. 자신이 오래 섬겼던 바벨론이 바사와 메대 연합군에 무너지고 메대의 다리오가 새로운 왕으로 일어난 것이다.

메대 족속 아하수에로의 아들 다리오가 갈대아 나라 왕으로 세움을 받던 첫해 단 9:1

아마 다니엘도 매우 당혹스럽고 두려웠을 것이다. 그러나 그때도 다니엘은 여전히 동일하게, 이전에 해오던 그대로 하나님의 말씀 앞으로 나아갔다. 그리고 예레미야를 통해 선포된 하나님의 말씀을 깨닫는다. 바벨론에서 칠십 년 포로 생활을 한 후에 다시 이스라엘로 돌아갈 것이라는 약속을 확인한 것이다. 이 위기가 알고 보니 놀라운 하나님의 계획임을 깨닫게 된 것이다(단 9:2).

그때부터 다니엘은 작정하여 기도하기 시작한다. 얼마 후 예레미야에게 약속하신 말씀대로, 그리고 다니엘이 말씀을 통해 인도하심을 확증받은 그대로 유대인들은 예루살렘으로 귀환하게 된다.

경청을
방해하는 것들

사 28:23-29

말씀하시는 하나님의 음성을 따라가라

그러나 좀처럼 떨쳐버릴 수 없는 잘못된 두 가지 신념이 하나님의 구체적이고 세밀한 인도하심을 받지 못하도록 우리를 가로막는다.

첫째, "하나님은 말씀하시는 분이시다"라는 사실을 믿지 못하는 우리의 불신앙이다. 우리 안에 남아 있는 모든 불신과 잘못된 생각들이 예수의 이름으로 끊어질 것을 선포한다.

이 싸움이 치열한 이유는, 이 진리가 우리 삶에 실체가 되고 우리가 말씀하시는 하나님의 음성을 따라갈 때 나타나는 역사가 그만큼 강력하기 때문이다. 생각해보라. 하나님의 음성을 듣고 그 인도하심을 좇아 사는 삶은 하나님이 예비하신 놀라운 역사가 있는 현장으로 우리를 인도한다. 놀라운 하나님의 반격에 동참하며, 그분의 시대적인 경륜과 그 경륜 안에 동참하여 우리의 부르심을 이루는 삶으로 인도한다. 그러니 원수가 이 진리를 막으려고 얼마나 혈안이 되어 훼방하겠는가? 그러므로 믿음으로 선포하라.

"하나님은 말씀하십니다. 내가 그 음성과 인도하심을 좇아갈 것을 선포합니다."

"성령님, 내게 '듣는 마음'과 '분별할 수 있는 영'을 부으셔서 기록된 말씀뿐만 아니라 모든 경로를 통해 내게 말씀하시는 주님의 음성과 인도하심만을 민감하게 좇아갈 수 있도록 도와주십시오."

하나님은 내 삶의 모든 영역의 주인이시다

둘째, 하나님의 음성을 가로막는 우리의 불신앙은 "하나님은 내 전문 영역에는 관계가 없는 분이시다"라는 교만한 마음이다. "하나님이 어떻게 비즈니스 영역을? 컴퓨터와 전자산업 영역을? 그분이 건축과 디자인의 영역을 어떻게 인도하시지? 아름다운 이야기지만 실제는 많이 달라." 실제로 드러내지 않지만 견고하게 쌓은 우리의 교만이 하나님의 음성과 인도하심을 놓치게 만든다.

구약을 보면 하나님께서 어떻게 풍년을 준비하여 흉년을 대비하게 하시는지, 국정을 어떻게 운영해야 하는지, 전쟁을 어떻게 치러야 하는지, 대외적인 관계와 외교에 대한 방법, 그 전략과 노하우를 말씀해주시고 인도하셨다는 것을 알 수 있다. 하나님은 우리가 말하는 전문 영역과 구체적인 일들까지 주도적으로 말씀하시고 인도하시고 역사하신 분이라고 기록되어 있다.

성령의 시대인 신약시대는 더 말할 필요도 없다. 목수인 예수님이 어부인 제자들에게 어떻게 고기를 잡는지도 말씀하셨다. 우리가 어디서 나왔는가? 하나님으로부터 나왔다. 그렇다면 우리가 만들고 개발해낸 모든 것이 원래 어디서부터 시작된 것인가? 창조주 하나님의 능력으로부터 시작된 것이다. 하나님이 주신 지성과 창조적인 능력으로 만든 것이다.

그런데 어느 순간 하나님으로부터 오지 않은 다른 경로를 통해 마치 우리가 놀라운 능력과 실력을 키울 수 있는 것처럼 믿게 되었다. 그래서 세상으로부터 배우고 답습해온 전문 지식과 경험 그리고 기술만 있으면 뭐든지 우리가 스스로 할 수 있다고 믿게 되었다.

잘 보라! 이것도 믿음이다. 믿음의 대상이 바뀌었을 뿐이다. 하나님을 대적하여 일어난 사탄과 어둠의 영들이 행하고 자 하는 핵심도 바로 이 부분이다. 그들은 믿음의 대상을 바꾸는 삶, 주인이 바뀌는 삶으로 우리를 미혹한다.

삶의 실제적인 주인은 여전히 세상 안에 둔 채 '신앙'과 '예수님'이라는 액세서리, '그리스도인'이라는 스티커만 붙이고 종교생활을 하도록 만든다. 그리고 교회생활과 우리의 실제적인 삶을 철저히 분리시키는 것이다.

마치 우리에게 "교회 안에서는 마음껏 해. 그런데 알지? 세상은 세상의 법칙이 있고 실력이 있어야 해" 이렇게 말하는 것과 같다. 이 어처구니없는 장난에 우리는 너무 잘 속는다. 교회와 우리 삶의 실제를 구분하게 만드는 벽을 과감하게 부숴 버리는 것이 영적인 돌파다. 어떻게?

"주님은 나의 삶의 모든 영역에서 여전히 주인이시다!"

주님이 주인 된 열매가 나타나지 않는 이유는 내가 그 영역에서 아직도 주님에게 주인의 자리를 내어드리지 않았기 때문이다.

듣고, 들은 그대로 행하라

우리가 사역이라고 하고, 주님의 일이라고 부르는 영역은 어떠한가? 그런 영역이라도 세상의 방법과 기술로, 인간적인 방법으로, 마치 교회도 마케팅하듯이, 선교단체도 비즈니스 전략 짜고 광고하듯이 할 수 있다. 우리는 영적인 일도 얼마든지 세상 방법으로 할 수 있다. 영적인 일이라 영적인 방법으로 하고, 세상 일이라 세상 방법으로 하는 것이 아니라 모든 영역에서 우리 주님이 주인 되셔야 하기 때문에 주님의 음성에 귀를 기울이고 인도하심을 받아야 한다는 것이다. 다만 우리의 불신앙과 교만이 이를 가로막는다.

안타깝게도 이스라엘은 이 불신앙과 교만 때문에 하나님의 말씀을 듣지 않고 자기들이 원하는 대로 하다가 유업으로 주신 땅에서 쫓겨난다. 마찬가지다. 이 시대를 사는 우리도 불신앙과 교만의 문제를 돌파하지 않으면 하나님이 우리에게 허락하신 전문 영역에서 하나님나라의 유업을 온전히 취하지 못하고 고생은 고생대로 하다가 결국 아무것도 남지 않는 안타까운 인생으로 마치게 된다.

다 얻고 다 성취한 듯싶지만 결국 아무것도 남는 것이 없이 빈털터리로 주님 앞에 서게 될 것이다. 그때 주님은 물으실 것이다. "그래, 너는 뭐 하다가 왔니?" 그때 믿는다고 말하는 많은 사람이 대답할 것이다.

그날에 많은 사람이 나더러 이르되 주여 주여 우리가 주의 이름으로 선지자 노릇하며 주의 이름으로 귀신을 쫓아내며 주의 이름으로 많은 권능을 행하지 아니하였나이까 하리니 **마 7:22**

그들에게 주시는 주님의 대답이다.

그 때에 내가 그들에게 밝히 말하되 내가 너희를 도무지 알지 못하니 불법을 행하는 자들아 내게서 떠나가라 하리라 **마 7:23**

불법? 아니 주님의 이름으로 영적인 일들을 열심히 했는데 왜 불법이라고 말씀하시는가? 이 말씀을 하시고 나서 주님은 반석과 모래 위에 지은 집의 예화를 들어 설명하셨다. 그런데 이 말씀을 읽는 많은 사람이 주님의 음성을 듣기만 하고 행하지 않는 사람들에 대해서 말씀하신다고 이해한다.

그러나 좀 더 자세히 보면, 주님 앞에 "주여 주여"라고 말한 사람들이 아무것도 행하지 않은 사람들인가? 아니다. 그들 스스로 주님의 이름으로, 그것도 영적인 일들을 열심히 했다고 고백하고 있다. 그런데도 주님은 그들이 행한 모든 것을 '불법'이라는 한 단어로 결론 내리셨다. 왜? 도대체 뭐가 문제였는가?

하나님의 반격

그러므로 누구든지 나의 이 말을 듣고 행하는 자는 그 집을 반석 위에 지은 지혜로운 사람 같으리니 마 7:24

본문에 두 개의 동사가 나온다. "듣고 행하는 자", 정확하게 말하면 "예수님의 말씀을 듣고, 들은 그대로 행하는 사람"이다. 핵심은 행하되 듣고 행하는 것이다.

비전으로 인도하시는 주님의 음성

그러므로 이 믿음으로 선포하고 시작하기를 도전한다.

"하나님은 말씀하신다. 나는 그 하나님의 구체적이고 세밀한 음성을 듣고 따라갈 수 있다."

《하나님을 경험하는 삶》의 저자 헨리 블랙커비(Henry Blackaby) 목사님이 《영적 리더십》(두란노)이라는 책에서 이렇게 말씀하셨다.

"그리고 가장 기본으로 돌아가서 그분의 음성에 귀를 기울이라. 말씀을 펴놓고 기록된 말씀을 통해 내게 말씀하시는 하나님의 음성을 듣는 일부터 시작하라. 듣는 마음이 훈련되고, 깊어지면 이후에는 다양한 경로들을 통해 모든 영역 안에서 말씀하시는 음성을 듣고 순종할 수 있게 된다. 그때 우리는 하나님이 예비하신 풍성한 유업을 이루고 누리는 삶 그리고 무엇보다 많이 흔들리지 않고 끝까지 믿음을 지켜내는 삶을 살 수 있게 될 것이다."

많은 사람이 입으로는 "비전 비전" 하면서 정작 그 비전으로 인도하시는 세미한 주님의 음성과 인도하심을 놓쳐버리는 것을 지적하며 강조한 대목이다. 물론 비전도 중요하다. 그러나 그 비전으로 인도하는 주님의 음성을 놓치면 무슨 의미가 있는가?

하나님의 반격

4
CHAPTER

주님의 길을
예비하라

1 광야와 메마른 땅이 기뻐하며 사막이 백합화 같이 피어 즐거워하며 **2** 무성하게 피어 기쁜 노래로 즐거워하며 레바논의 영광과 갈멜과 사론의 아름다움을 얻을 것이라 그것들이 여호와의 영광 곧 우리 하나님의 아름다움을 보리로다 **3** 너희는 약한 손을 강하게 하며 떨리는 무릎을 굳게 하며 **4** 겁내는 자들에게 이르기를 굳세어라. 두려워하지 말라. 보라 너희 하나님이 오사 보복하시며 갚아 주실 것이라 하나님이 오사 너희를 구하시리라 하라 **5** 그 때에 맹인의 눈이 밝을 것이며 못 듣는 사람의 귀가 열릴 것이며 **6** 그 때에 저는 자는 사슴 같이 뛸 것이며 말 못하는 자의 혀는 노래하리니 이는 광야에서 물이 솟겠고 사막에서 시내가 흐를 것임이라 **7** 뜨거운 사막이 변하여 못이 될 것이며 메마른 땅이 변하여 원천이 될 것이며 승냥이의 눕던 곳에 풀과 갈대와 부들이 날 것이며 **8** 거기에 대로가 있어 그 길을 거룩한 길이라 일컫는 바 되리니 깨끗하지 못한 자는 지나가지 못하겠고 오직 구속함을 입은 자들을 위하여 있게 될 것이라 우매한 행인은 그 길로 다니지 못할 것이며 **9** 거기에는 사자가 없고 사나운 짐승이 그리로 올라가지 아니하므로 그것을 만나지 못하겠고 오직 구속함을 받은 자만 그리로 행할 것이며 **10** 여호와의 속량함을 받은 자들이 돌아오되 노래하며 시온에 이르러 그들의 머리 위에 영영한 희락을 띠고 기쁨과 즐거움을 얻으리니 슬픔과 탄식이 사라지리로다

주님은 결코
늦지 않으신다

사 35:1-10

나는 절대 늦지 않는다

지금의 젊은 세대에게는 낯설게 들리겠지만, 한때 우리나라를 대표하는 지성(知性) 하면 초대 문화부 장관을 지냈고 수많은 저서와 업적을 남긴 이어령 박사님을 들 수 있었다. 평생을 세상 학문과 지성을 좇아 사시다가 뒤늦게 따님인 이민아 목사님을 통해 주님을 만나 많은 지성인에게 복음의 선한 영향력을 끼치고 계신다.

이분처럼 영국을 대표하는 지성이며 영문학자이자 교수이며 작가인 분, 거듭난 후에 대표적인 기독교 변증가로 영향을 끼친 C. S. 루이스(C. S. Lewis)가 있다. 그가 거듭나는 데 결정적인 역할을 한 분이 바로 톨킨(J. R. R. Tolkien)이다. 이 분 역시 영문학자이며 교수로서 수많은 문학 작품을 남겼다.

그의 대표작으로 성경의 내용을 신화적으로 표현한 《반지의 제왕》이 있는데 이 책은 총 세 편의 대작 영화로도 만들어졌다. 그중 두 번째 작품이 '두 개의 탑'(The Two Towers)이다. 내용은 인간 세상을 궤멸하려는 어마어마한 악의 세력과의 싸움에 대한 것이다. 영화의 거의 마지막 부분에 인간 세상을 상징하는 요새가 거의 함락되기 직전까지 몰린다. 동이 틀 때까지 버티던 아라곤 왕은 간달프의 약속을 떠올린다. 여기서 간달프는 죽었다가 다시 살아난 일종의 천사와 비슷한 존재로 인간들의 편에서 그들을 도와주는 인물인데, 지원군을 데리고 돌아오겠다고 떠났지만 아직까지 나타나지 않고 있다.

먼동이 틀 무렵 약속한 대로 간달프가 백마를 타고 나타난다. 어떤 장수와 함께 드디어 모습을 나타낸 것이다. 내 생각에는 톨킨이 의도적으로 이 두 사람의 모습을, 다시 오실 예수님과 그와 함께 세상을 심판할 하나님의 군대장관 미가엘의 모습으로 그려낸 것이 아닌가 싶다.

그들은 어마어마한 군대와 함께였고 인간 세상을 멸망시키려는 악의 세력을 마치 쓰나미가 밀려오듯이 단숨에 쓸어버린다. "백문이 불여일견"이라고 헬름 협곡의 이 전투 장면은 꼭 한번 보기를 추천한다.

가장 절망적인 순간, 그렇기 때문에 어느 때보다 절실히 그가 필요했던 그때 나타나 모든 악을 무찌르고 회복시키는 간달프의 모습은 우리 주님의 모습을 상징한다. 그런데 이 사건을 암시하는 부분이 서두에도 등장한다. 약속보다 늦게 왔다고 핀잔을 주며 "당신은 늦었어요"라고 말하는 프로도에게 간달프가 말한다. "나는 절대 늦지 않는다. 항상 정확한 때에 내가 의미하던 그때 분명하게 나타난다."

우리도 믿음의 여정 가운데 종종 이런 어려움에 직면하게 된다. 가장 절실할 때, 어느 때보다 주님이 필요하다고 느끼는 순간, 때때로 주님이 우리 곁에 계시지 않는 것 같은 상황이 있다. 그러나 우리가 반드시 믿고 기억해야 할 것이 있다. 주님은 절대 늦지 않으신다는 진리다. 그분은 정확한 그분의 때에 그분이 보시는 최상의 때에 오셔서 모든 것을 회복하시고 온전케 하신다.

주님의 때, 최상의 때

그러므로 하나님의 사람들은 주님의 음성을 듣고 인도하심을 따라가는 것만큼이나 주님은 주님이 약속하신 일을,

주님의 때에, 우리를 향한 최상의 때에 행하실 것을 믿어야 한다.

개인적으로 내 삶을 돌아보면 믿음의 여정 가운데 특별히 가장 갈등하고 어려워했던 몇 번의 기억이 있다. 사실 그 순간은 주님의 뜻과 인도하심이 어려웠다기보다 주님의 때, 주님을 향한 기다림이 부족했음을 보게 된다. 그래서 평생을 믿음으로 사셨던 선배님들이 종종 "믿음의 다른 말은 기다림이다"라고 하신 것 같다.

때와 기한은 하나님의 권한이다. 우리가 생각할 때는 지금이 맞고 이 순간이 맞는 것 같지만, 물리적 시공간의 제약 안에 갇혀 있는 우리와 달리 주님은 시공간의 제약을 받지 않으시는 분이다.

그분은 알파와 오메가로 우리가 이해하는 과거, 현재, 미래라는 시간의 틀에 갇혀 있지 않으신다. 그래서 그분에게는 하루가 천년 같고 천년이 하루 같으신 것이다.

창세 전부터 계획하시고 그 계획에 따라 세상을 경영하시되 그 안에 이미 모든 것을 이루신 주님은 가장 최상의 때에, 이 세상의 물리적 시공간 안에서도 하나하나 순차적으로 당신의 계획을 풀어내신다.

우리는 예수 그리스도를 통해서 하나님의 나라가 이미 임하였지만, 그러나 아직(Already but not yet, 이미 그러나 아직) 완성되지 않았다고 본다. 그렇지만 그분에게는 'Already completely done', "이미 완전하게 완성하신" 것이다. 하나님은 그분의 경륜의 때에 그 놀라운 일들을 이 땅에 풀어내신다.

내가 하나님의 반격을 기대하는 이유

내가 왜 '하나님의 반격'을 신뢰하고 확신한다고 보는가? 하나님께는 모든 것이 이미 마침표이기 때문이다. 이미 시작과 끝을 확정하시고 그 경륜대로 세상을 경영하고 계시기 때문에 나는 하나님의 놀라운 반격을 기대한다. 나에게 대단한 믿음이 있어서가 아니다. 그분의 신실함을 신뢰하기 때문이다.

그분은 말씀하시고 그 말씀 그대로 늘 해오셨다. 성경 시대에도, 2천 년 기독교 역사 가운데서도, 그리고 나의 짧은 신앙의 여정 가운데서도 그분은 한 번도 실수하지 않으시고 정확하게 최상의 때에 최선의 것으로 역사하셨다. 그러므로 나는 그분을 신뢰한다.

내 나이 오십을 넘었고, 반평생을 미국에서 살며 나름대로 이루었던 모든 사역을 다 내려놓고 미국을 떠나 한국에 온

지도 5년이 넘었다. 그동안 하나님의 구체적인 인도하심에 대한 확증은 없었지만, 나는 여전히 그분을 신뢰한다.

그분의 때, 가장 최선의 때에 그분은 늘 말씀하신 그대로 역사하실 것이기 때문이다. 물론 우리가 이 진리를 믿고 있더라도 현실이라는 어마어마한 산 앞에서 때때로 힘들어할 때가 있다. 감사하게도 그때마다 주님은 놀라운 일들을 우리에게 말씀하시고 보여주심으로써 확증해주신다.

이것을 '비전'이라고 말하기도 하고 '계시'라고 말하기도 한다. 마치 "봤지? 내가 이렇게 할 거야! 그러니까 나를 신뢰하고 따라와라" 이렇게 말씀하시듯 말이다.

나는 주님을 걱정하지 않는다. 어떤 분들은 주님을 걱정하는 은사가 있는 것 같지만 말이다. 나는 다만 주님을 신뢰하고 따라가지 못하는 나의 연약함을 걱정할 뿐이다. 그러므로 그분의 은혜를 더욱 구하며 매달려야 한다. 주님은 변함이 없을 뿐만 아니라 뜻하신 일들을 넉넉히 행하실 수 있는 능력도 있으시기 때문이다.

하나님의
놀라운 반전

사 35:1-10

회복의 시작

이사야 선지자도 답답한 현실 속에서 절망하고 갈등하다가 강권적으로 하나님의 임재 가운데로 인도함을 받는다. 그리고 모든 것 위에 보좌에 앉으셔서 통치하시는 하나님을 경험한 후 하나님의 심판과 회복에 대한 말씀을 담대하게 선포하기 시작한다.

그리고 이사야서 첫 부분의 마지막 결론을 34장과 35장으로 마치는데, 그것은 궁극적으로 하나님의 백성을 대적하는 에돔으로 상징되는 나라들을 향한 심판과 이스라엘의 온전한 회복에 대한 말씀이다.

다시 강조하지만 하나님이 택한 백성들을 대적하여 일어난 나라들을 향한 심판은 말 그대로 '심판'이다. 그러나 택한 백성 이스라엘을 향한 하나님의 심판은 궁극적인 회복과 새로운 시작을 위해서다. 그 '회복의 시작'을 이사야는 다음과 같이 시적으로 표현하고 있다.

> 광야와 메마른 땅이 기뻐하며 사막이 백합화 같이 피어 즐거워하며 무성하게 피어 기쁜 노래로 즐거워하며 레바논의 영광과 갈멜과 사론의 아름다움을 얻을 것이라 그것들이 여호와의 영광 곧 우리 하나님의 아름다움을 보리로다 사 35:1,2

그러므로 주님이 다시 이 세상에 오시면 두 세력에 전혀 다른 양상이 일어난다. 주님의 자녀들과 몸 된 교회를 대적하던 모든 악의 세력들은 심판을 받게 될 것이며, 어둠의 세력에 신음하고 고통당하던 주님의 자녀들과 악의 세력들의 영향력으로 신음하던 땅은 회복될 것이다.

놀라운 반전의 메시지
특별히 주님이 다시 오셔서 회복하는 영혼들에 대하여 이사야는 다음과 같이 표현하고 있다.

그 때에 맹인의 눈이 밝을 것이며 못 듣는 사람의 귀가 열릴 것이며 그 때에 저는 자는 사슴같이 뛸 것이며 말 못하는 자의 허는 노래하리니 사 35:5,6

'맹인, 못 듣는 사람, 다리 저는 자와 말 못 하는 자 가운데 놀라운 회복이 일어난다고 기록하고 있는데, 그러면 이 사람들은 누구일까? 그리고 왜 이사야는 주님이 오셔서 회복하는 사람들을 이렇게 묘사하고 있을까? 정말 맹인들, 못 듣는 사람들, 다리 저는 사람들을 의미할까? 이 사람들은 구체적으로 누구를 가리킬까?'

이 말씀을 놓고 기도하며 성령님의 인도하심을 구할 때 성령께서 마태복음 '팔복'에 나오는 사람들을 떠오르게 하셨다. 심령이 가난한 자, 애통하는 자, 온유한 자 그리고 의에 주리고 목마른 자…. 달리 표현하면 소외된 자들, 힘없는 자들, 무능력한 자들 그래서 주님의 은혜가 절실히 필요한 자들에게 복이 있나니…. 왜냐하면 이 사람들은 소외되고 힘이 없고 무능력하기 때문에 주께 나아가 주님의 말씀을 듣고 믿음으로 반응하여 구원을 받았기 때문이다.

반대로 이미 배부르고 만족하고 즐거워하는 너희에게는 화가 있다고 말씀하신다. 왜 그런가? 메시아 되시는 예수님이 없어도 이미 만족하고, 구원을 받지 않았는데도 이미 즐거워하는 자들은 주님을 찾지 않을뿐더러 그분의 생명 말씀에도 귀를 기울이지 않았기 때문이다.

이것이 하나님의 놀라운 반전이다. 세상의 어떤 사상과 이론도 흉내 낼 수 없는 반전의 계획과 사건들이 이렇듯 성경 곳곳에 기록되어 있다. 오래전 이사야는 세상을 경영하시는 하나님의 계획에 따라 소외되고 힘없고 능력이 없어서 주님을 절실하게 의지할 수밖에 없는 그들에게 일어날 놀라운 반전의 메시지를 예언적으로 선포한 것이다.

반전을 기대하라

마찬가지로 주님이 다시 오실 때 복음을 위하여 살다가 하나님나라를 대적하여 일어난 이 세상의 힘과 권력 앞에 소외되고, 힘없고, 능력 없는 자들 취급을 받으며 멸시와 고통을 당하며 두려워하는 자들에게도 동일하게 선포된다.

겁내는 자들에게 이르기를 굳세어라, 두려워하지 말라, 보라 너희 하나님이 오사 보복하시며 갚아주실 것이라 하나님이 오사 너희를 구원하시리라 하라 사 35:4

하나님의 반격

그러나 주님이 다시 오셔서 모든 것을 온전히 회복하기도 전에, 이미 세상 안에서 만족하고 배부르며 즐거워하는 너희는 화가 있다는 것이다. 그때 주님은 저들이 만족하고 즐거워하는 것보다 더 놀라운 모습으로, 택하신 자신의 자녀들과 이 땅을 회복하시고 온전케 하실 것이다.

원수들의 처소는 황무하게 되어 사람이 살지 못하는 곳으로 변하겠지만 택하신 자녀들의 땅은 광야에서 물이 솟아나며 사막에서 시내가 흐르게 될 것이다.

이는 광야에서 물이 솟겠고 사막에서 시내가 흐를 것임이라

사 35:6

마치 한순간에 놀라운 반전을 이루시듯 하나님의 백성을 대적하는 악한 무리와 세대들은 진멸하시며, 그들이 누리던 모든 땅은 황폐하게 하실 것이고, 반대로 자기 자녀들의 삶과 그들의 거처들은 놀랍게 회복하실 것이다. 그리고 시편 23편 5절 말씀처럼 내 원수 앞에서 엄청난 잔칫상을 차려주시고 내 잔이 넘치도록 부어주실 것이다. 그러므로 이사야는 이렇게 격려하며 선포한다.

너희는 약한 손을 상하게 하며 떨리는 무릎을 굳게 하며 겁내는
자들에게 이르기를 굳세어라, 두려워하지 말라 사 35:3,4

왜냐하면 우리 주님이 오실 것이며, 오신 후 보복하시며
갚아주실 것이고, 우리를 구원하시고, 놀랍게 회복시켜주실
것이기 때문이다. 반전을 기대하라! 주께서 그 반전을 예비
하시며 칼을 갈고 계신다. 그때 두려워하지 않는 인생이 궁
극적으로 승리하는 자가 될 것이다. 그러나 그 심판의 날, 두
려워하는 자에게는 소망이 없다.

하나님의 반격

03

시온으로
인도하는 길

사 35:1-10

오직 두 길

심판과 회복의 놀라운 역사가 일어난 후 마지막에 대로(大路)가 생길 것이며 이 대로를 다른 말로 '거룩한 길'이라 일컬을 것이다. 이때 이 대로를 중심으로 세상은 두 부류의 사람으로 정확하게 나뉠 것이다. 이 대로로 걸어갈 수 있는 자와 그렇지 못한 자다.

미안하지만 중간에 다른 길은 없다. 잘 보이지 않아도 그래도 존재하는 샛길 같은 것은 없다. 현대 그리스도인들이 잘못 만들어낸 애매하고 엉뚱한 중간지대와 같은 개념은 성경에 없다.

이 잘못된 개념이 많은 성도에게 엉뚱한 신념을 좇게 만들어 일명 '세속적인 그리스도인'(Carnal Christian)이라고 말하는 삶을 살도록 면죄부를 준다. 그러나 뭔가 그럴싸한 말로 대충 얼버무릴 일이 아니다. 엄밀히 말해서 '육신적인 그리스도인'이라는 뜻과 같기 때문이다.

'성령 충만한 죄인'이니 '정욕적인 헌신자'라는 것이 말이 되는가? 마찬가지로 말장난에 지나지 않는다. 미혹의 영의 역사이거나 아니면 천국 티켓은 확보하고 싶은데 세상을 좇는 삶을 포기하기 싫어하는 사람들이 만들어낸 교묘한 속임수다. 내가 본 성경 어디에도 그런 내용은 없다.

물론 우리는 여전히 육신의 연약함과 죄의 본성으로 인해 흔들리고 실수하고 때로 넘어지기도 한다. 그러나 지금 내가 추구하며 나아가는 길이 거룩한 삶으로 인도하는 길인지, 아니면 세상의 정욕을 좇아가는 길인지는 너무 분명하지 않은가?

거룩한 길, 생명의 길에서 실수하고 넘어지는 사람에게는 소망이 있지만, 세상의 길은 아무리 고상하고 아름답게 표현해도 빛 좋은 개살구다. 결국 멸망이고 심판으로 향하는 길이다. 성경은 초지일관 이 두 가지 길만을 가리킨다.

빛으로 인도하는 길이 있고 어둠으로 인도하는 길이 있다.

하나님의 반격

생명으로 나아가는 길이 있고 멸망으로 나아가는 길이 있다. 구원의 길이 있고 심판의 길이 있다. 축복받는 길이 있고 저주받는 길이 있다. 천국으로 인도하는 길이 있고 지옥으로 인도하는 길이 있다. 예수를 따르는 길이 있고 세상을 따라가는 길이 있다. 어떻게 예수를 따라가면서 세상도 따라갈 수 있겠는가?

거룩한 길로 다닐 수 없는 자

그렇다면 이 거룩한 길로 다닐 수 없는 자들은 누구인가?

거기에 대로가 있어 그 길을 거룩한 길이라 일컫는 바 되리니 깨끗하지 못한 자는 지나가지 못하겠고 오직 구속함을 입은 자들을 위하여 있게 될 것이라 우매한 행인은 그 길로 다니지 못할 것이며 사 35:8

가장 먼저, 깨끗하지 못한 자는 지나갈 수 없다. 아무리 많은 부, 권력, 명예, 세상적인 성공을 거두었다고 해도 그때는 아무 의미가 없다. 그 순간은 오직 두 종류의 사람으로만 나뉘기 때문이다. 어린 양 예수님의 보혈로 깨끗함을 받은 자와 그렇지 못한 자다. 명심해야 한다. 다른 어느 것으로도

대체할 수 없다.

두 번째, 우매한 행인은 그 길로 다니지 못한다. 여기서 의미하는 우매함은 히브리어 '에빌'이라는 단어로 영어 'evil'에 해당하는데, 그 뜻은 "악하고 어리석은"이다. 어린 양 예수 그리스도가 아닌 이 세상의 부와 권력 그리고 쾌락을 좇아 사는 자들의 모습을 정확히 묘사하고 있는 단어다.

하나님의 진리를 대적하며 때때로 비웃으면서 세상을 좇아 원하는 바를 다 추구하며 성공하여 똑똑하게 사는 듯하지만, 실상은 가장 어리석은 자들이라는 뜻이다. 왜 그런가? 우리 주님이 다시 오시면 이 세상과 세상으로부터 추구한 그 어느 것도 그들을 구원할 수 없기 때문이다.

더군다나 그들이 그렇게 자랑하며 아등바등 붙잡으려고 했던 모든 것들은 전부 영원하지 않은 것이기에 실상은 아무것도 남지 않고 다 소멸할 것이다.

우리에게는 본질과 비본질이 있다. 우리의 궁극적인 목적은 본질을 추구하여 본질이 남는 삶을 사는 것이다. 비본질은 본질을 추구하기 위해 잠시 사용하는 것일 뿐이다.

본질과 비본질의 기준

본질과 비본질을 나누는 기준은 무엇인가? 아주 간단하

다. 영원한 것이 본질이고 영원하지 않은 것이 비본질이다. 우리 주님이 다시 오실 때 주님 앞에 가지고 갈 수 있는 것들, 하나님나라에 함께 가지고 갈 수 있는 것들이 영원한 것이다. 나머지는 다 두고 가야 하고, 결국은 소멸하는 비본질이다.

가장 어리석은 인생이 비본질을 산더미처럼 쌓아두고 자랑하면서 본질은 하나도 없는 인생이다. 반대로 가장 지혜로운 자는 비본질은 없어도 주님 앞에 가지고 갈 수 있는 본질을 소유한 자이다.

우리에게 영원한 것은 무엇인가? 우리가 주님 앞에 가지고 나아갈 수 있는 본질은 무엇인가? 그것은 주님의 나라를 위해 수고한 우리 개개인의 삶이며, 그 가운데 우리가 주님께로 인도한 영혼들이다. 우리는 그들과 함께 거룩한 길을 걸어 주님께로 나아갈 수 있다.

본질을 위해 잠시 사용할 비본질에 목숨을 걸지 말라. 가장 미련한 것이다. 물론 비본질적인 것들을 완전히 무시하라는 것은 아니다. 비본질적인 것들도 하나님나라를 위해 사용할 소중한 도구다. 돈 없이 어떻게 선교할 수 있으며 전문적인 기술이나 능력 없이 어떻게 전문 영역에 있는 영혼들을 만나 그들을 주님께 인도할 만한 영향력을 미칠 수 있겠는가?

그러나 이것은 도구이며 통로이지 우리의 궁극적인 삶의

목표가 될 수 없다. 훌륭한 의사가 되고, 박사가 되고, 사업가가 되고, 디자이너가 되는 것, 그것이 최종 목표는 아니다. 이것은 본질인 영혼 구원과 하나님의 뜻을 이루기 위한 통로이며 도구라는 사실을 기억해야 한다. 얼마나 많은 그리스도인이 이 단순한 진리를 혼동하고 있는지 모른다.

마지막 때가 가까울수록 우리는 이 두 가지를 명확히 구분해야 한다. "나는 궁극적으로 무엇을 위해 살 것인가?", "무엇이 남는 인생이 될 것인가?" 지금 결단하고 뜻을 정해야 한다. 그렇지 않으면 어느 순간 우리도 '우매한 행인'이 되고 말 것이다.

속량함을 받은 자들

그렇다면 거룩한 대로로 다닐 수 있는 자들은 누구인가? 어린 양 예수님의 보혈의 값을 주고 산 영혼들로 이사야서 35장 10절에 "속량함을 받은 자들"로 기록하고 있다. 즉, 값을 지불하고 사왔다는 의미다.

이들은 죄와 사망으로부터 구속함을 받은 자들이다. 죄인인 내가 치를 수 없는 죄와 사망의 값을 예수님이 십자가에서 자신의 생명으로 대신 치러주심을 믿고 받아들인 자들은 의롭다 함을 받아 이 거룩한 길로 갈 수 있게 된다. 거기에는 사자나 사나운 짐승으로부터 받을 해와 고통이 없으며, 그 길은 구속함을 받은 의의 자녀들을 시온으로 인도하는 길이다.

성경에서 시온은 하나님의 완전한 통치가 이루어지는 장소로서 하나님의 공의와 사랑이 충만한 곳이다. 그때 어린 양 예수를 믿고 구속함을 받은 자들은 희락과 기쁨과 즐거움으로 새 노래를 찬송하며 주님의 보좌가 있는 시온으로 향할 것이다.

그리고 우리의 눈물의 기도와 헌신의 땀을 통해 구원받은 형제자매들이 족속과 방언과 나라 중에서 나아와 우리와 함께 그 길을 걸으며 주님을 경배하고 찬양할 것이다.

그러므로 어린 양 예수님의 보혈로 구속함을 받으신 여러분, 그 어린 양만 따르며 눈물을 흘리면서도 포기하지 않는 여러분, "약한 손을 강하게 하십시오. 떨리는 무릎을 굳게 하십시오. 겁내지 마시고 담대하십시오." 우리 주님이 오셔서 우리를 시온의 길로 인도하실 것이다.

04

이미 모든 것이
이루어졌다

사 35:1-10

우리 앞에 놓인 믿음의 길

우리 앞에 가신 수많은 믿음의 선배들도 결국 이 약속의 말씀 안에 있는 소망을 바라보며 믿음의 순례를 마쳤다. 이 믿음에 대하여 '믿음장'이라고 하는 히브리서 11장에서 다음과 같이 정의하고 있다.

믿음은 바라는 것들의 실상이요 보이지 않는 것들의 증거니 선진들이 이로써 증거를 얻었느니라 히 11:1,2

간절히 바라지만 아직 실상이 되지 않은 약속들이 실상이 되도록 하는 것이 믿음이다. 보이지 않지만 그것이 존재한다는 것을 증명하는 것이 바로 우리의 믿음이다. 우리의 믿음의 삶이, 우리가 믿는 바가 실상이 되도록 하고 존재한다는 것을 증명한다.

이 믿음으로 많은 믿음의 사람은 믿지 않는 사람들 가운데서도 흔들리지 않고 믿음의 경주를 마쳤다. "아벨은 더 나은 제사를 하나님께 드리고", "에녹은 하나님과 동행하고", "노아는 방주를 준비하고", "아브라함은 갈 바를 알지 못해도 순종하여 따라가고", "사라는 약속하신 하나님의 신실하심을 의지하여 이삭을 낳아" 믿음의 세대를 이어갔다.

이 시대를 사는 우리 앞에도 동일하게 이 믿음의 길이 놓여 있다. 영원한 본질을 위하여 기꺼이 영원하지 않은 비본질을 포기하면서 가는 길이며, 궁극적으로 우리를 주님의 보좌가 있는 시온으로 인도하는 길이다.

물론 지금 우리 앞에 보이지는 않는다. 온전한 회복이 아직 우리에게 일어나지 않았기 때문이다. 사실 이 약속과 약속의 성취 사이에서 우리는 아직도 고민하고 갈등하며 괴로워한다. 그것은 우리의 믿음의 선배들도 마찬가지였다.

멀리서 보고 환영하며

이 사람들은 다 믿음을 따라 죽었으며 약속을 받지 못하였으되 그것들을 멀리서 보고 환영하며 또 땅에서는 외국인과 나그네임을 증언하였으니 그들이 이같이 말하는 것은 자기들이 본향 찾는 자임을 나타냄이라 그들이 나온 바 본향을 생각하였더라면 돌아갈 기회가 있었으려니와 그들이 이제는 더 나은 본향을 사모하니 곧 하늘에 있는 것이라 이러므로 하나님이 그들의 하나님이라 일컬음 받으심을 부끄러워하지 아니하시고 그들을 위하여 한 성을 예비하셨느니라 히 11:13-16

이 사람들은 믿음으로 하나님을 신뢰하며 따라갔지만, 약속의 말씀이 성취되는 것을 보지 못했다. 그러나 그들은 "멀리서 보고 환영하였다." 즉, 현실이라는 물리적인 시공간에서는 보지 못했지만 믿음으로 바라보았음을 의미한다.

헬라어 동사에는 부정과거가 있는데 이 문법에 따라 가장 쉽게 본문을 재해석하면 "이 사람들은 그것들을 보았고 환영하였으며"라고 할 수 있다. 그들은 약속의 성취를 현실 안에서는 보지 못하였지만, 하나님 안에서 이미 성취된 것을 믿음으로 보았고 환영, 즉 확증하였다는 뜻이다.

믿음의 선배들이 이것들을 이미 보았고 환영한 증거가 무엇인가? 이 땅에 사는 동안 그들은 "외국인과 나그네임을 증언하였으니", 그러니까 이 땅에 사는 동안 기꺼이 나그네처럼, 외국인처럼 살았다는 말이다.

　이 땅에서는 본향을 찾지 않고, 이 땅에서는 유업을 구하지 않고, 더 나은 본향 곧 하늘에 있는 것으로서 하나님이 예비하신 '한 성'을 바라본 것이다. 이 한 성이 이사야가 언급한 하나님이 예비하신 성, 시온성이다.

　그들은 하나님의 약속의 말씀이 성취되지 않은 현실 공간 안에서도 이미 그것들이 하나님 안에서 성취되었음을 보고 확신하였다. 따라서 그들이 이 땅에서 기꺼이 외국인과 나그네로 살아감으로써 자신들이 믿는 바를 증거하였다.

　야곱은 요셉의 두 아들을 향한 하나님의 축복을 미리 보고 선포하였으며, 요셉은 하나님의 때에 이스라엘이 애굽에서 나갈 것을 확신하고 출애굽 할 때 자신의 뼈를 가져가라고 명하였고, 모세의 부모도 모세의 인생 가운데 임할 하나님의 역사를 미리 보고 무서워하지 않고 아이 모세를 숨겼다.

세상이 감당하지 못하는 믿음

　믿음의 사람들은 끊임없이 이 사이에서 갈등과 고민을 하며 살아간다. 약속의 말씀이 있지만, 약속과 너무 멀리 느껴지는 물리적인 현실 안에서 우리가 어떻게 살아야 할지 지금도 고민하고 있다. 그리고 그것을 아직도 믿고 있느냐고 비아냥거리며 우리에게 "천국이 있으면 보여줘 봐? 예수님이 어디 있는지 보여줘 봐?"라고 도전하는 사람들에게 어떻게 그것들이 실재임을 증명할 수 있을지 고민한다.

그렇다면 성경은 우리에게 무엇이라고 대답하는가? "믿음으로 '천국'을 보고 확신하기 때문에 천국을 위하여 사는 우리의 삶 그리고 '예수'만을 좇고자 몸부림치는 우리의 삶이 곧 천국이 있고 예수님이 계신 것을 증명하고 나타낸다."

믿음으로 보고 확신하고 받아들이는 순간, 답답하고 힘들던 물리적인 시공간 안에 하나님의 놀라운 반격이 시작된다. 그러나 이것과는 비교할 수 없는 더 엄청난 믿음도 있다. 이러한 믿음은 세상이 감당하지 못하는 믿음이며 사탄도 어떻게 할 수 없는 가장 강력한 믿음임이 분명하다.

C. S. 루이스가 《스크루테이프의 편지》(홍성사)라는 책에서 고참 악마가 조카이자 풋내기 악마에게 조언하는 것을 비유로 사탄과 귀신들이 가장 두려워하는 것이 무엇인지를 다음과 같이 설명하고 있다.

"우리(사탄의 무리)의 대의가 가장 큰 위험에 처할 때는 한 인간이 우리의 원수(하나님)의 뜻을 행할 의욕이 없는 중에서도 의지를 보이며 그의 흔적이 다 사라져보이는데도 우주를 올려다보며 그에게 왜 자기를 버렸느냐고 따지면서도 여전히 순종할 때이다.”

"믿음으로 나는 하나님과 그분의 모든 약속을 백 퍼센트 완벽하게 믿고 확신해"라는 말은 미안하지만 성립되기가 힘들다. 물리적인 시공간 안에서 육신의 연약함을 가지고 있는 한 우리는 결코 그렇게 될 수는 없다. 때때로 의심하고 불안해하며 많은 경우 두렵고 힘들어하면서도, 그것보다는 여전히 조금 더 많은 하나님을 향한 믿음과 신뢰를 가지고 한 발한 발 그렇게 따라가는 것이다.

놀라운 사실은 이 겨자씨만 한 믿음을 통해서 하나님은 새 일을 행하시고 그분의 놀라운 반격을 이 땅에 풀어내신다는 사실이다. 원수 마귀는 강하다. 그러나 우리 하나님은 더 강하시다. 감히 원수가 비교할 수도, 흉내 낼 수도 없을 만큼 우리 아버지는 강하시고 또한 선하시다.

다시 오실
주님 맞을 준비

사 35:1-10

주의 길을 예비하라

에루살렘 한가운데 황금 돔으로 알려진 이슬람 사원이 있다. 원래는 유대인의 성전이 있던 자리인데 무슬림들이 모하메드가 승천한 곳이라고 우기면서 이슬람 사원을 세운 것이다. 그래서 유대인들은 지금도 성전이 있어야 할 자리에 성전이 아닌 이슬람 사원이 놓인 그 벽을 향하여 통곡하며 기도하고 있다. 그래서 이곳을 '통곡의 벽'이라고 부른다.

그런데 이곳을 향한 동쪽 문이 시멘트로 발라져 막혀 있고 그 앞에는 무덤들이 즐비하게 있다. 내막을 살펴보면 스가랴서에 메시아가 오셔서 동문을 통해 에루살렘으로 다시 입성

하나님의 반격

한다고 예언된 말씀 때문이다.

그 때에 여호와께서 나가사 그 이방 나라들을 치시되 이왕의 전쟁 날에 싸운 것 같이 하시리라 그 날에 그의 발이 예루살렘 앞 곧 동쪽 감람 산에 서실 것이요 감람 산은 그 한 가운데가 동서로 갈라져 매우 큰 골짜기가 되어서 산 절반은 북으로, 절반은 남으로 옮기고 그 산 골짜기는 아셀까지 이를지라 너희가 그 산 골짜기로 도망하되 유다 왕 웃시야 때에 지진을 피하여 도망하던 것 같이 하리라 나의 하나님 여호와께서 임하실 것이요 모든 거룩한 자들이 주와 함께 하리라 슥 14:3-5

이 말씀대로 2천 년 전 예수님이 오셔서 동문으로 예루살렘에 입성하셨고, 많은 믿음의 사람들은 예수님이 다시 오실 때도 감람산으로 오셔서 동문을 통해 들어오실 것이라고 믿고 있다. 그래서 무슬림들이 이 동문으로 메시아가 들어오지 못하도록 시멘트로 막아버린 것이다.

다른 문들은 그대로인데 이곳만 막은 것이다. 그리고 부정하도록 그 앞에 무덤가를 만들어놓기도 했다. 예수님을 믿지 않고 성경에 나오는 예언도 믿지 않는다는 무슬림들이 예수님이 다시 오실 때 동문으로 들어오지 못하도록 동문을 시멘트로 막아버리다니 재미있지 않은가? 믿지 않는 분들치고는 다시 오실 예수님에 대한 준비가 너무 철저한 것 아닌가? 참 아이러니하지 않은가? 그렇다면 예수님을 믿고 구속함을 받은 우리는? 다시 오실 주님을 위해 얼마나 그리고 어떻게 준비하고 있는가? 정말 주님이 다시 오실 것을 믿는가? 그렇다면 사랑하는 여러분, 다시 한번 더 선포해보자.

너희는 약한 손을 강하게 하며 떨리는 무릎을 굳게 하며 겁내는 자들에게 이르기를 굳세어라, 두려워하지 말라, 보라 너희 하나님이 오사 보복하시며 갚아주실 것이라 하나님이 오사 너희를 구하시리라 하라 사 35:3,4

하나님의 확증

우리 중 누구도 모호하고 불확실한 것을 위해 삶을 헌신하거나 목숨을 거는 자는 없다. 내가 정말 믿고 의지하는 것은 내가 가장 확신하고 있는 것이다! 이 말은 예수와 그분의 다시 오심에 대한 확신보다 다른 것들에게 대한, 특별히 이 세상에 있는 것들에 대한 확신이 더 클 때 우리가 예수를 위해 사는 것은 불가능하다는 것이다.

그래서 우리를 누구보다 잘 아시는 하나님께서 때때로 예

하나님의 반격

배 가운데, 말씀과 기도 가운데, 그리고 여러 경로를 통해 우리에게 약속하신 말씀을 확증해주신다.

쉽게 말해서 우리는 믿음의 여정 가운데, 특별히 마지막 때에 이러한 인도하심에 대한 확증이 더 필요하다. 하나님께서도 믿음의 조상 아브라함에게 하나님의 약속을 여러 경로와 사건들로 확증해주셨다. 그러므로 사랑하는 여러분, 성경의 말씀으로 다시 도전한다.

구하라 그리하면 너희에게 주실 것이요 찾으라 그리하면 찾아낼 것이요 문을 두드리라 그리하면 너희에게 열릴 것이니 구하는 이마다 받을 것이요 찾는 이는 찾아낼 것이요 두드리는 이에게는 열릴 것이니라 마 7:7,8

"주님, 저에게도 주님과 주님의 다시 오심을 확증하여주십시오. 아브라함과 이사야에게 행하신 것처럼 제게도 오셔서 말씀과 환상으로 당신이 어떤 분이시며, 천국의 소망이 얼마나 놀라운 것인지를 확증하여주십시오."

5

마지막
시험

사 39:1-8

1 그 때에 발라단의 아들 바벨론 왕 므로닥발라단이 히스기야가 병 들었다가 나았다 함을 듣고 히스기야에게 글과 예물을 보낸지라 2 히스기야가 사자들로 말미암아 기뻐하여 그들에게 보물 창고 곧 은금과 향료와 보배로운 기름과 모든 무기고에 있는 것을 다 보여 주었으니 히스기야가 궁중의 소유와 전 국내의 소유를 보이지 아니한 것이 없는지라 3 이에 선지자 이사야가 히스기야 왕에게 나아와 묻되 그 사람들이 무슨 말을 하였으며 어디서 왕에게 왔나이까 하니 히스기야가 이르되 그들이 원방 곧 바벨론에서 내게 왔나이다 하니라 4 이사야가 이르되 그들이 왕의 궁전에서 무엇을 보았나이까 하니 히스기야가 대답하되 그들이 내 궁전에 있는 것을 다 보았나이다 내 창고에 있는 것으로 보이지 아니한 보물이 하나도 없나이다 하니라 5 이사야가 히스기야에게 이르되 왕은 만군의 여호와의 말씀을 들으소서 6 보라 날이 이르리니 네 집에 있는 모든 소유와 네 조상들이 오늘까지 쌓아 둔 것이 모두 바벨론으로 옮긴 바 되고 남을 것이 없으리라 여호와의 말이니라 7 또 네게서 태어날 자손 중에서 몇이 사로잡혀 바벨론 왕궁의 환관이 되리라 하셨나이다 하니 8 히스기야가 이사야에게 이르되 당신이 이른 바 여호와의 말씀이 좋소이다 하고 또 이르되 내 생전에는 평안과 견고함이 있으리로다 하니라

01

어둠의 영들을
결박하라

사 39:1-8

사탄의 목적

사탄과 귀신들의 세계에도 권위 체계와 질서가 있다. 사탄 또는 마귀의 닉네임은 '거짓의 아비'로, 그가 하는 일의 핵심이 무엇인지를 정확하게 나타내고 있다.

사탄은 원래 하늘의 예배를 주관하던 루시퍼(Lucifer)로 하나님보다 더 높아지려다가 쫓겨난 존재이며 악한 영들의 우두머리다. 하늘의 별 삼 분의 일이 땅에 함께 떨어졌다는 말씀을 근거로 사탄과 함께 하늘의 천사 삼 분의 일이 타락하여 귀신들이 되었다고 본다. 성숙한 그리스도인들은 물론 분별하겠지만 아직도 이 귀신들의 존재에 대해 오해하는 분들이 있는데, 귀신들은 사탄과 함께 타락한 하늘의 천사들이다. 이들의 목적은 자신들을 심판한 하나님을 대적하는 것으로 하는 일은 두 가지로 귀결된다.

첫째, 마치 자기가 하나님인 양 행세하며 하나님이 받아야 할 예배를 가로채 사람들이 자신을 예배하도록 미혹하는 것이다. 둘째, 하나님의 형상으로 창조된 인간들을 타락시켜 멸망의 길로 끌고 감으로써 하나님의 계획을 막고 동시에 그분의 마음을 아프게 만드는 것이다.

사탄의 조직 1 하늘에 있는 악의 영들

에베소서 말씀을 자세히 보면 이 어둠의 영들이 우두머리인 사탄의 주도 아래 어떻게 조직되었는지, 또 이 일들이 얼마나 주도면밀하게 행해지는지 알 수 있다.

> 우리의 씨름은 혈과 육을 상대하는 것이 아니요 통치자들과 권세들과 이 어둠의 세상 주관자들과 하늘에 있는 악의 영들을 상대함이라 엡 6:12

첫 번째, "하늘에 있는 악의 영들"이다. 이들은 가장 높은 레벨의 귀신들이며 영의 세계를 주도하는 자들이다.

하나님의 반격

쉬운 예로 다니엘서 10장을 보면 고레스 왕 삼 년에 다니엘이 하나님께 기도하던 중 마지막 때에 대한 놀라운 계시가 풀리는데, 이 영적인 교통을 바사 왕국의 군주가 21일 동안 막았다고 나온다. 그때 가장 높은 군주 중 하나인 미가엘이 와서 도와줌으로 하나님의 계시가 다니엘에게 전달되었다.

이처럼 하늘에 있는 악한 영들은 하나님과 땅에 있는 하나님의 백성들 간의 영적인 소통을 가로막는 존재로 가장 치열하게 진행되는 영적 전쟁의 현장에 있다.

우리가 흔히 중보기도를 통해 어둠의 영들을 대적하며 선포하는데, 대부분 하나님과 몸 된 교회의 소통을 가로막고 있는 이 어둠의 영들을 물리치는 것이다. 그래서 우리의 간구가 하나님께 상달되고 마찬가지로 하나님의 말씀이 온전히 전달되도록 하는 것이다.

이 전쟁이 중요한 이유는 땅에서 진행되는 모든 핍박과 어둠의 현실에도 불구하고 하나님으로부터 오는 놀라운 시대적 경륜과 섭리를 확정받게 되면 몸 된 교회와 하나님의 사람들이 그 모든 환난을 넉넉히 이길 수 있기 때문이다. 아울러 하나님이 행하실 경륜에 맞추어 믿음의 준비를 할 수 있게 된다. 그러나 이것이 막히면 무엇을 어떻게 해야 할지 알 수 없을뿐더러 현실이라는 큰 산 앞에 낙망하고 좌절하게 된다.

한 나라와 민족과 지역에 하나님의 놀라운 일들이 일어나기 위해서는 반드시 이 하늘에 있는 악한 영들과의 싸움을 먼저 제압해야 하기 때문에 우리는 많은 경우 중보기도를 통해 영적 전쟁을 감당해야 한다.

하지만 가장 중요하고 치열한 영적 싸움이 눈에 보이지 않는다는 이유로 우리가 이것을 소홀히 대하기 쉽고 동일한 이유로 중보자들이 쉽게 위축되기도 한다.

그러나 우리가 기도의 사리에서 이 싸움을 감당할 때 가장 먼저 하나님의 새 일에 대한 확증을 받는 특권을 누리게 되고, 다니엘에게 행하신 것과 마찬가지로 하나님께서 친히 우리에게 찾아오셔서 위로하시고 힘 주시는 것을 경험하게 된다.

사탄의 조직 2 어둠의 세상 주관자들

두 번째, "이 어둠의 세상 주관자들"이다. 하늘에 있는 악한 영들은 영의 세계에서 활동한다. 그런데 어둠의 세상 주관자들이라는 악한 영들은 보이는 물질세계 안에서 역사하는 존재들이다.

이들은 세상의 가치, 대세를 이루는 흐름, 문화와 시대적 사조를 통해 역사하는 귀신들이다. 이들은 정치, 경제, 문화,

교육 그리고 엔터테인먼트 등 모든 영역에서 성경의 진리를 거스르는 가치와 시대사조와 문화를 일으켜 하나님의 뜻을 대적한다. 오늘날의 동성애와 낙태, 물질만능주의와 무분별한 성 개방 풍조, 음란한 흐름, 거짓과 분노를 통한 갈등과 분리를 조장하는 모든 일이 여기에 속한다.

사람들이 가지고 있는 악한 본성과 이기주의 그리고 하나님을 대적하여 높아진 교만을 통해 역사하여 어느 개인과 공동체도 거스를 수 없는 큰 시대적 흐름과 대세를 일으켜 역사한다. 이것이 합법적이고 조직적으로, 그리고 세련된 시스템을 통해 아주 강력하게 일어나기 때문에 그리스도인들과 교회들은 종종 이 골리앗 앞에서 어린 목동인 다윗처럼 느껴질 때가 많다.

그러나 기억하라. 그 어린 목동이 골리앗을 쓰러뜨렸다. 어떻게? 양 몇 마리 키우던 실력과 골리앗에 대한 두려움보다 더 강한 하나님에 대한 확신으로 돌파해버린 것이다. 이것이 골리앗과 같은 이 어둠의 세상 주관자들을 꺾으시는 하나님의 놀라운 전략이다.

따라서 지금 우리도 각자 자기에게 주어진 자리에서 평범하고 보잘것없어 보이더라도 주어진 그 일을 통해 하나님의 임재와 인도하심을 조금씩 경험해나가는 훈련을 해야 한다.

때가 되면 그 작은 경험들이 쌓여 어느 순간 하나님에 대한 큰 확신으로 다가올 것이다. 하나님은 그때 비로소 움직이기 시작하신다.

이 하나님에 대한 확신이 현실 골리앗에 대한 두려움보다 더 클 때 하나님께서 우리를 골리앗 앞에 세우신다. 그리고 모두가 도저히 어떻게 할 수 없을 거라고 말하는 전문 영역 안에 있는 골리앗을 믿음의 사람들이 돌파해버리는 것이다. 어떻게? 만군의 여호와의 이름에 대한 확신과 고작 양 몇 마리 키우던 실력으로 말이다.

마지막 때가 되면 각 영역과 나라와 민족마다 합법적이고 조직적으로 이전과는 다른 강력한 골리앗들이 일어나게 될 것이다. 그러나 듣지도 보지도 못한 믿음의 사람들이 그 앞에 서서 그들을 돌파해낼 것이다.

그러므로 지금 양 몇 마리 키우는 자리에 있다고, 인생을 낭비한다고 생각하지 말라. 그 작은 일에서도 하나님을 경험하고 그분에 대한 확증을 받는 시기로 삼기를 도전한다. 준비된 자들은 하나님께서 반드시 들어 쓰신다.

사탄의 조직 3 통치자들과 권세들

세 번째, "통치자들과 권세들"이다. 쉽게 말해서 이 세상의 위정자들과 통치자들 가운데 역사하는 귀신들이다. 실제적으로 세상에 영향력을 미치는 자들을 미혹하여 하나님을 대적하여 일어난 시대적인 가치와 사조들과 흐름을 좇는 결정을 하고 시행하도록 하는 미혹의 영들이다.

사도 바울의 권면처럼(딤전 2:2) 우리는 위정자들과 권세들을 위해서, 그리고 세상에 영향력을 미치는 중요한 위치에 있는 자들을 위해서 기도해야 한다. 그들의 마음 가운데 하나님을 경외하는 마음을 주시고, 그들이 하나님을 대적하여 일어난 사조와 시대적인 가치를 좇지 않게 해달라고 기도하는 것이다.

특별히 우리가 나라의 위정자들과 통치자들을 볼 때 명심할 것이 있다. 각 개인의 인격과 성품의 어떠함도 물론 중요하지만 더 중요한 것이 있다. 안타깝게도 믿음의 사람들조차 이 부분을 놓치고 있다. 그 위정자와 통치자가 추구하는 정책과 방향이 결국 어디를 향하고 있는지를 보지 않는다. 아무리 고상하고 아름답게 인격적으로 포장해도 결국 그가 추구하는 정책과 방향이 하나님의 창조 질서를 대적하고 생명을 함부로 대하거나 주님의 몸인 교회를 대적하는 것이라면 우리는 "No"를 외쳐야 한다.

반대로 그 개인의 성품이 부족하고 인격적인 결함이 있더라도 결국 그의 정책과 방향이 하나님의 창조 질서를 존중하고 생명을 소중하게 여기며 몸인 교회를 지지하며 가르침을 존중한다면 우리는 그를 중보하고 지지해야 한다. 물론 그의 성품과 인격마저도 훌륭하다면 더할 나위 없을 것이다.

먼저 어둠의 영들을 결박하라

그 외 모든 귀신의 역사가 우리 개개인과 가정 그리고 공동체 차원에서 지금도 치열하게 진행되고 있다. 주님은 이러한 싸움에 있어서 중요한 영적 원리를 다음의 말씀으로 주셨다.

사람이 먼저 강한 자를 결박하지 않고서야 어떻게 그 강한 자의 집에 들어가 그 세간을 강탈하겠느냐 결박한 후에야 그 집을 강탈하리라 마 12:29

영적인 존재들을 대항하여 싸우려면 먼저 영의 문제를 해결해야 한다. 그래야만 영적 문제의 변화와 결과가 물질세계에 나타나기 때문이다.

우리의 삶과 교회 그리고 나라와 권세를 포함하여 시대를 주장하려는 악의 세력을 먼저 예수의 이름으로 결박해야 그들에게 묶여 있던 영혼들을 회복할 수 있다.

하나님의 반격

개인의 구원에서부터 한 나라와 시대적 흐름의 변화마저도 결국은 예수의 이름으로 모든 어둠의 영들을 묶고 영적 싸움의 판도를 바꿔야만 실제적인 열매를 얻을 수 있다. 이것이 주님이 가르쳐주신 영적 원리다.

그러므로 우리는 마지막 때가 가까울수록 개인적인 차원에서도, 공동체 차원에서도 더 깊고 강력한 기도에 집중해야 한다.

나는 선교 동원을 하며 사람들을 훈련해서 선교지로 보내는 일을 맡은 사람이지만, 하나님께서 먼저 부담을 주신 역할은 중보자로 서서 나라와 민족을, 그리고 내게 허락하신 교회 공동체와 영혼들을 중보하는 일이다. 왜냐하면 그것이 가장 우선이기 때문이다.

02

어둠의 영들이 역사하는 방법

사 39:1-8

미혹

이 어둠의 영들이 사람들 가운데 역사하는 방법은 대략 세 가지가 있다. 먼저는 '미혹'이다. 쉽게 말해 속이는 것이다. 가장 대표적으로 "육신의 정욕과 안목의 정욕과 이생의 자랑"으로 육신적인 욕구와 세상의 욕구들로 우리를 미혹하는 것이다. 리차드 포스터(Richard Foster)의 《돈 섹스 권력》(두란노)에 자세히 설명된 영역이다. 실제적이면서 사탄이 가장 많이 사용하는 낮은 수준의 방법이지만, 그럼에도 불구하고 사람들이 가장 많이 넘어지는 영역이다.

두려움과 낙망

그다음은 '두려움과 낙망'이다. 육신의 정욕과 안목의 정욕 그리고 이생의 자랑을 추구하며 치열하게 경쟁하고 싸우는 가운데 사람들은 실패하고 좌절한 자들과 성공하여 교만한 자들로 나뉘면서 나타나는 결과가 바로 두려움과 낙망이다.

실패한 자들은 낙망과 분노로 가득 차고, 성공한 자들은 자신의 성공을 지켜내기 위해 혈안이 되어 강퍅함과 두려움으로 가득 차게 된다. 그러나 실패한 자들이든 성공한 자들이든 결국에는 모두 속박당하게 된다. 속박은 단순히 미혹이나 충동을 받는 상태가 아니라 끌려다니는 상태를 말한다.

처음에는 자기가 컨트롤(통제)하며 다스리는 것처럼 보이지만 시간이 지나면서 결국 그것들이 사람들을 끌고 다닌다. 아주 오래전 초등학교 때 선생님이 해주신 이야기가 있다. 얼마나 충격적이었는지 지금도 그 이야기를 기억하고 있다. 한 거지가 길에서 얼어죽었는데 한 손을 너무 꽉 움켜잡고 있어서 어렵게 펴보니 10만 원짜리 수표가 쥐어져 있었다는 것이다. 당시 하룻밤 숙박료가 만 원이 안 되던 때였는데도 불구하고 그는 손에 돈을 쥐고 있으면서도 길바닥에서 죽고 만 것이다.

예수 그리스도의 복음은 이 속박으로부터 우리를 자유케 한다. 이제 더 이상 이런 것들이 우리를 속박하여 끌고 다니다가 멸망하게 하는 삶이 아니라 주님이 인도하시어 풀어 자유케 하는 삶으로 인도하시는 것이다. "진리를 알지니 진리가 너희를 자유롭게 하리라"(요 8:32). 단순하면서도 강력한 말씀이다.

교만

그러나 이런 차원의 역사와 달리 사탄이 마지막으로 사용하는 매우 높은 수준의 전략이 있다. 믿음의 사람들이 대부분 미혹과 속박으로부터 자유케 되었다가도 어처구니없이 이 전략에 빠져 허무하게 무너질 때가 많다.

더러운 어둠의 영들이 사용하는 마지막 전략은 우리 스스로 자긍심과 만족을 갖도록 만드는 '교만'이다. 겉으로는 절대 드러내서 말하지 않지만 내면 깊은 곳에서 스스로 다음과 같이 말하는 것이다. '이 정도면 괜찮은데… 대단해. 훌륭해. 충분해.' 그러면서 마음을 놓아버리는 것이다.

그리고 언제부터인가 그렇게 말하는 사람과 상황 안에 점차 자신을 가둔다. 물론 건강한 칭찬과 만족은 감사의 마음과 함께 우리가 하나님을 더욱 의지하고 주목하도록 만든다.

하지만 교만은 자기 자신에게 집중하도록 만들고, 하나님에 대한 집중을 흩트러놓거나 놓치게 만든다. 결국 시간이 흐르면서 하나님을 향한 감사가 사라지고, 자신이 행한 일에 대해 집중하고, 사람들의 말과 평가에 민감해지기 시작한다.

그래서 교만의 단계가 무서운 것이다. 앞서 언급한 미혹과 그 결과로 나타나는 낙망과 두려움 같은 속박은 상대적으로 분별이 쉽다. 본인 스스로 조금만 정신을 차리면 알 수 있고, 이런 연약함과 문제가 있다는 사실 때문에 괴로워하고, 어떻게든 이겨내고자 몸부림치는 일들이 나타난다.

그러나 이 마지막 자긍심과 만족으로 나타나는 교만은 대부분 본인이 그렇게 하고 있다는 사실을 잘 인지하지 못한다. 이 문제가 드러나게 될 때, 즉 자신이 그렇게 하고 있다는 사실을 인지할 때는 안타깝게도 이미 늦을 때가 많다.

이 경우를 히스기야 왕 말년에 볼 수 있다. 그는 남왕국 유다의 왕 가운데 놀라운 변혁을 이루고 하나님의 강력한 역사 또한 경험한 인물이다. 그럼에도 불구하고 마지막에는 교만으로 안타까운 결말을 맺은 인물로 평가된다.

물론 우리 가운데 어떤 사람들은 우리가 이런 교만을 품기에 터무니없이 삶이 힘들고 어려워서 자신과 그다지 상관이 없는 말씀이라고 여길 수도 있을 것 같다. 그러나 사랑하는 여러분, 이런 문제는 어느 날 갑자기 아무 이유 없이 터져 나오지 않는다는 것을 기억해야 한다.

마음 깊은 곳에 잠재되어 있던 것이 서서히 자신도 모르는 사이에 결정적인 순간 터져 나온다. 따라서 우리는 철저히 자신을 점검해야 한다. 이미 터져 나오기 시작했다면 늦었을 공산이 크고, 회복한다 해도 치러야 할 대가가 너무 많기 때문이다.

03

마음의 영역,
마음의 문제

사 39:1-8

마음은 마음먹은 대로 되지 않는다

마음이라는 영역은 참 신비하다. 어느 날은 매우 겸손히 하나님을 찬양하고 경배하며 그분의 은혜만을 간절히 구하다가도 어느 날은 둔감해지고 미혹되어 스스로 자긍하고 높아진다. 그래서 마음에 대해서는 다음과 같은 결론을 내릴 수 있을 것 같다. "마음은 마음먹은 대로 되지 않는다. 다만 경작되고 준비된 대로 움직인다."

오래전부터 알고 지내던 일본 목사님 중에 나까지마 목사님이라는 분이 계신다. 한때 일본 야쿠자에 몸담았던 분으로 아내인 사모님을 통해 주님을 극적으로 만나 주님을 따르기로 헌신한 목사님이다.

이분이 성령의 감동을 받아 영화를 만들었는데, 자신과 같은 야쿠자들이 기적적으로 주님께 돌아온 내용을 다룬 영화였다. 그 영화에서 한 조직의 아주 잔인한 행동대장 야쿠자가 나온다. 그 역시 믿음을 가진 한국인 아내를 둔 사람이었는데, 하루는 아내가 제발 이런 삶을 끝내고 하나님께 돌아오라고, 그러면 하나님께서 용서해주시고 새로운 삶을 살 수 있게 된다고 그를 설득한다.

그때 분노에 잡혀 있던 야쿠자 남편이 가슴을 움켜잡으며 "내 하나님은 여기다!"라고 외치는 장면이 나온다. 그도 왜 변하고 싶지 않겠는가? 왜 새롭게 되고 싶지 않겠는가? 그러나 그것이 마음먹은 대로 되지 않는 게 문제다. 무엇이 맞는 것인지 알고, 어떻게 하는 것이 좋은지 다 알아도 그의 마음이 움직여주지 않으니 자신도 힘들어서 절규한 것이다.

믿지 않는 사람들도 그렇겠지만 믿는 사람들 중에도 이 싸움은 여전히 쉽지 않다. 히스기야에게도 마찬가지였다. 절박한 상황에서 하나님의 은혜를 구하며 매달릴 때는 그 마음이 제어되다가도, 한순간 자긍심을 내비치자 전혀 엉뚱한 사람이 되어버린 것이다.

성경을 자세히 보라. 히스기야와 같은 사람이 말년에 이토록 어처구니없고 답답한 실수를 할 거라고 누군들 알았겠는가? 결국 어느 날 불현듯 전혀 다른 사람이 되어 평생 쌓은 것을 다 잃어버릴 뿐만 아니라 남왕국 유다가 돌이킬 수 없는 큰 죄에 빠지는 결정적인 역할을 한 사람으로 남게 되었지 않는가. 마음의 문제는 한순간에 아무 이유 없이 터지는 것이 아니라 이미 내재되어 있던 것이 드러날 뿐이다.

믿음의 완주

나는 개인적으로 이 말씀을 대하면서 평소 마음에 품고 있던 간절한 기도 제목을 다시 하나님께 아뢰는 시간을 가졌다. 대단하고 놀라운 일들을 감당하는 것도 감사하고, 강력한 기름 부으심으로 치유하며 말씀을 증거하는 것도 다 좋다. 왜 아니겠는가?

그러나 정말 간절히 구하는 것은 내게 주어진 믿음의 경주를 마지막까지 잘 마치는 것이다. 큰 실수나 평생 후회할 죄를 짓지 않고, 마지막까지 주님과 동행하며, 주님의 인도하심을 좇아 결승점을 통과하는 것이다. 왜냐하면 개인적으로 마지막 때가 가까우면 가까울수록 이 문제가 결코 만만치 않다는 것을 점점 더 느끼기 때문이다.

시작은 아름다웠는데 마지막이 비참한 사람들이 어디 한

둘인가? 성경에도 많이 나오고 우리 주변에도 그런 하나님의 사람들이 많다. 오직 두렵고 떨리는 마음으로 나 자신의 중심을 끊임없이 돌아보며 주님께 매달리며 구하는 수밖에는 없다.

"주님, 우리에게 긍휼을 베푸서서 우리가 마지막까지 잘 감당할 수 있도록 붙들어주십시오."

아하스 왕의 아들 히스기야

먼저 히스기야라는 인물을 살펴보려고 한다. 그가 어떤 배경에서 성장하였고, 어떤 고난과 어려움을 이겨내고 지금에 이르게 되었는지를 이해해야 문제의 근원을 직시할 수 있기 때문이다. 우리는 과거에 얽매여서도 안 되지만 과거를 무시해서도 안 된다. 왜냐하면 현재의 나는 과거의 결과이기 때문이다.

히스기야의 아버지는 아하스 왕이었다. 남왕국 유다 전체를 통틀어 가장 악한 왕을 꼽으라면 히스기야의 아들 므낫세 왕이다. 그다음으로 악한 왕을 정하라면 히스기야의 아버지 아하스 왕이다. 이것도 아이러니다. 어떻게 히스기야와 같은 대단한 왕을 사이에 두고 위로 아래로 가장 악한 왕들이 나올 수 있느냐 말이다.

그의 아버지 아하스는 우상숭배와 악법을 행하는 것은 기본이고, 안타깝게도 하나님의 전에 있는 기구들을 부수고 성전 문을 닫아버리고 심지어 자녀들을 우상에게 제물로 바치는 일까지 저지른 참으로 어리석은 왕이었다. 그것도 한 명이 아니다. 성경 본문에 "아들들"이라고 기록한 것으로 보아 여러 아들들을 제물로 바친 것 같다.

연대기를 계산해보더라도 히스기야는 아버지 아하스 왕의 어린 자녀가 아닌 장성한 아들 가운데 속한다. 그렇다면 아하스 왕이 자녀들을 제물로 바치려고 할 때 히스기야 역시 제물로 바쳐질 수 있는 강력한 후보 가운데 한 명이었다고 볼 수 있다.

그렇다면 한번 상상해보라! 아버지라는 왕이 미쳐서 온갖 우상숭배와 죄악을 행하다가 그것도 모자라 나중에는 자기 아들들을 제물로 바치겠다고 눈이 벌게져 있는 것을 보는 히스기야의 마음이 어떻겠는가? 불에 태워져서 비명도 지르지 못하고 죽어 나가는 형제들을 보면서 자란 히스기야가 과연 정상이었을까?

예배가 회복될 때 일어나는 선순환

이런 과정을 통과한 후 어느 날 그의 아버지가 죽고 마침

내 자신이 왕이 되었다. 그는 왕이 되자마자 어마어마한 영적 개혁을 단행하여 나라를 새롭게 하기 원했다. 하나님을 향한 거룩한 열정과 경외함도 있었겠지만, 어쩌면 아버지 아하스를 향한 진절머리나는 아픔과 고통을 지워버리는 과정이 아니었을까 추측해볼 수도 있다.

그는 가장 먼저 성전의 문을 다시 열고, 제사장들과 레위인들을 불러 성전을 수리하고 모든 기구를 다시금 회복시킨다. 그리고 성전의 제사와 규례를 좇아 하나님께 예배를 드리도록 하고 유월절 규례를 말씀에 따라 지키도록 한다. 그리고 그 결과를 다음과 같이 기록하고 있다.

> 예루살렘에 큰 기쁨이 있었으니 이스라엘 왕 다윗의 아들 솔로몬 때로부터 이러한 기쁨이 예루살렘에 없었더라 그 때에 제사장들과 레위 사람들이 일어나서 백성을 위하여 축복하였으니 그 소리가 하늘에 들리고 그 기도가 여호와의 거룩한 처소 하늘에 이르렀더라 대하 30:26,27

그렇게 성전과 제사가 회복되자 백성들이 자발적으로 나라 안팎의 모든 우상과 제단들을 제거하는 영적 정화 작업을 시작한다. 이어서 십일조와 성물을 하나님께 구별하여 드리

하나님의 반격

는 일들도 일어난다.

우리가 이 부분을 주목해서 보아야 한다. 성전과 제사가 회복되자 백성들이 자발적으로 일어나 모든 우상과 죄악을 파하고 하나님께 기쁨으로 예물을 드리는 일들을 시작한 것이다. 지금으로 말하면 예배의 회복을 통해 큰 은혜와 기쁨을 체험하자 성도들이 각자 삶의 자리에서 자발적으로 우상들을 제거하고 죄악 된 것들을 끊어버리는 영적인 개혁을 시작했다는 뜻이다.

깊은 은혜와 기쁨을 경험하고 나면 그것을 방해하는 것들에 대한 거룩한 부담이 일어나 스스로 결단하고 정리하는 일들을 해나가기 시작한다. 그러나 예배를 통해 이런 은혜와 기쁨이 회복되지 않은 상태에서 무조건 말씀이라는 기준을 율법처럼 적용해서 "이것은 죄니까 제거해야 해! 이렇게 하면 안 돼!" 하면서 압박하기 시작하면 오히려 역효과만 일어난다.

안타깝게도 우리는 이런 실수를 너무 자주 한다. 주님을 깊이 만나기 전에 연약했던 자신의 모습은 잊은 채 지금의 나를 기준으로 새롭게 시작하는 초신자들을 규율과 말씀이라는 기준으로 판단하고 강요한다. 흔히 우리의 자녀들에게도 그렇게 한다.

그러나 우리는 무엇보다 주님의 은혜와 기쁨을 먼저 경험해야 한다. 주님의 놀라운 은혜도 사랑의 기쁨도 경험해보지 못한 사람들이 무슨 동기와 목적으로 죄를 끊고 결단하고 돌아오겠는가? 예배 가운데 은혜를 체험하고 주님의 크신 사랑을 경험하고 나면 그들이 자발적으로 행할 것이라 믿는다.

위기를 통하여 믿음은 증폭된다

그런데 이 아름다운 허니문 과정을 지나면 반드시 믿음의 광야 또한 통과해야 한다. 안타깝게도 히스기야와 남왕국 유다도 이 돌발적인 광야에 직면하게 된다.

놀라운 개혁과 변화 이후 히스기야와 남왕국 유다는 티그리스강에서부터 강력하게 일어난 앗수르라는 강대국의 위협을 받게 된다. 세력을 확장한 앗수르의 산헤립 왕이 남왕국 유다를 치기 위해 대군을 몰고 온 것이다. 영적으로 몰락한 나라를 백성들과 함께 다시 일으켜 큰 회복과 기쁨으로 충만하던 어느 날 다시 큰 위기가 터진 것이다.

아니 도대체 왜? 하필 지금이어야 하는가? 하나님은 왜 이런 일들이 일어나도록 허락하시는가? 이런 경우 우리는 자신도 모르게 원망과 낙담에 빠지며 원수들의 두 번째 전략인 두려움과 낙망에 묶인 채 하나님을 향한 신뢰를 잃어버린다.

그러나 반전의 명수이신 하나님은 오히려 이 한계적 상황을 우리에게 허락하심으로써 하나님을 향한 우리의 신뢰를 증폭시키신다. 물론 이런 확장은 반드시 위기를 수반하는 어려움이 있다. 그러나 하나님은 원수가 두려움과 낙담으로 하나님을 향한 우리의 신뢰를 무너뜨리려던 계략을 역이용하여 하나님을 향한 절대적인 신뢰를 이뤄내는 반격을 이루신다.

나 또한 이런 경험을 한 적이 있다. 미국에서 대학을 졸업하고 내 삶의 가장 소중한 시간을 떼어 선교에 헌신하겠다는 결심으로 일본에 가서 2년을 보냈다. 그때 특별한 주님의 은혜로 평생을 주님께 드리는 사역자가 되기로 결단하고 돌아오면서 내심 많은 기대를 품었다. 2년이라는 시간을 헌신해도 주님이 이토록 많은 은혜를 주셨는데, 평생을 드린다고 결단했으니 정말 놀라운 하나님의 은혜와 역사가 나를 기다리고 있으리라 기대한 것이다.

하지만 미국에 돌아온 나를 기다리는 것은 은혜의 보따리가 아니라 내 힘으로 도저히 풀 수 없는 문제의 보따리였다. 오죽했으면 미처 풀지 못한 짐 가방을 들고 다시 일본으로 도망치고 싶다는 마음이 들었을까. 그때는 "왜 이렇게 하셨어요? 나한테 왜 이러시는 거예요? 내가 뭘 잘못했나요?" 아무리 따져도 답이 나오지 않는다.

그러나 그럴 때 하나님을 향한 믿음으로 그 폭풍 한가

운데로 들어가 두 다리를 딛고 서서 주어진 상황에서 최선을 다하며 끊임없이 선포해야 한다. "하나님은 선하십니다", "나의 하나님은 살아 계십니다", "살아 계신 나의 하나님은 지금도 역사하십니다!"

나는 하나님의 거칠고도 놀랍고 다양한 인도하심을 좇아 몸부림치듯 버티며 그 믿음의 싸움을 감당하였다. 그렇게 2년이 지난 어느 날, 나도 모르는 사이에 하나님을 향한 믿음과 신뢰가 마치 커다란 바위처럼 내 중심에 버티고 서 있는 것을 깨닫게 되었다.

물론 지금도 그 시간을 떠올리면 등에서 식은땀이 난다. 하지만 그 시간이 지금의 내가 있도록 만들어준 귀중한 영적 자양분이었음은 틀림이 없다. 하나님은 실수가 없으신 분이시다.

히스기야는 산헤립 왕이 보낸 랍사게의 모든 조롱과 멸시의 말을 들은 후 원망과 불평 대신 기도의 자리로 나아갔다. 영적 지도자였던 이사야에게 기도의 요청을 한 후 자신은 베옷을 입고 재를 덮어쓰고 온 백성들과 함께 하나님만을 온전히 의지함으로 이 위기를 돌파한다. 결국 하나님께서 기도에 응답하셔서 천사 한 명을 앗수르 진영으로 보내 그날 밤 앗수르 진영의 군대 185,000명을 쓸어버리신다.

04

마음을
경작하라

사 39:1-8

하나님이 사라지다

우리나라 속담에 "산 넘어 산이다"라는 말이 있다. 마치 히스기야의 상황을 두고 하는 말 같다. 대군 앗수르를 믿음으로 돌파한 이후 미처 숨을 돌리기도 전에 이번에는 히스기야에게 개인적인 차원의 위기가 찾아온다.

어떻게 보면 나라를 개혁하고 적군을 파하고 이제 좀 편히 쉴 때가 되었다고 할 무렵 심각한 병에 걸리고 만 것이다. 이렇게 훌륭한 믿음의 사람에게 하나님은 도대체 왜 이러실까? 이사야 선지자를 통해 그가 얼마 살지 못하고 죽으리라는 소식을 듣고 히스기야는 벽을 향하여 흐느끼며 간절히 기도를 드렸다.

감사하게도 하나님은 히스기야의 기도를 들으시고 곧바로 응답하셔서 그 소식을 선포하고 돌아가던 이사야를 다시 히스기야에게 보내어 그가 회복될 것을 전하도록 하셨다. 그 회복의 확증으로 해시계가 십 도 뒤로 물러가는 기적을 보여주시고 그의 생명 또한 15년 연장해주셨다.

히스기야는 왕으로 등극하고 난 이후 14년의 통치 기간을 그야말로 쉴 새 없이, 몰아치는 폭풍과 같은 시간을 통과해왔다. 그리고 이 모든 은혜와 역사를 행해주신 하나님을 향한 찬송과 고백을 드림으로 그의 인생은 말 그대로 클라이맥스를 찍는다.

그런데 문제는 수명이 연장된 15년간 히스기야의 모습이다. 어떤 신학자는 차라리 그가 15년의 생명을 연장받지 않은 것이 더 나았을 것이라고 결론 내릴 만큼 그는 안타까운 결말로 마치게 된다.

그 시작을 알리는 말이 이사야서 39장 1절 "그 때에"라는 말이다. 히스기야가 아버지 아하스 밑에서 모든 고통과 위기의 시간을 통과한 뒤 왕이 되어 나라를 영적으로 개혁하여 새롭게 하고, 대군 앗수르를 믿음으로 돌파하여 하나님이 행하신 놀라운 능력을 경험하고, 마지막으로 죽음의 병에서 기적적으로 치유하시는 하나님의 은혜를 경험한 '그 때에', 그렇게 모든 문제와 위기를 해결한 '그 때에', 히스기야가 바벨론으로부터 온 사신들을 맞이하게 된 것이다.

그러나 '그 때에' 그가 보인 모습은 평소 모습과는 전혀 다른 사람이다. 몹시 흥분하며 기뻐하는 히스기야의 모습은 예전에 전혀 예측할 수 없었던 모습이었다.

> 그 때에 발라단의 아들 바벨론 왕 므로닥발라단이 히스기야가 병 들었다가 나았다 함을 듣고 히스기야에게 글과 예물을 보낸지라 히스기야가 사자들로 말미암아 기뻐하여 그들에게 보물 창고 곧 은금과 향료와 보배로운 기름과 모든 무기고에 있는 것을 다 보여 주었으니 히스기야가 궁중의 소유와 전 국내의 소유를 보이지 아니한 것이 없는지라 사 39:1,2

여기서 언급한 '보물 창고'는 말 그대로 나라의 가장 값지고 귀중한 물품들을 보관하는 장소이고, '무기고' 역시 나라의 주요 무기들을 은밀하게 준비하여 보관하는 곳이다.

한 나라의 경제 상황과 군사력을 한눈에 알아볼 수 있는 두 곳을 바벨론 사신들에게 다 보여준 것이다. 물론 당시 바벨론도 앗수르의 속국인 상태로, 어찌 보면 그 당시 남왕국 유다와 바벨론은 동맹국이라고도 볼 수 있다. 하지만 아무리 가까운 관계라고 해도 나라의 근간이 되는 곳을 그렇게 보여주는 예는 없다. 물론 그들이 보여달라고 요청했을 것이라는 가정은 더더욱 말이 안 된다.

그렇다면 왜 히스기야는 그들이 요청하지도 않았고 보여주어서도 안 되는 곳들을 보여주었을까? 보물 창고와 무기고, 이 두 장소가 나타내는 의미는 무엇일까? 아마 바벨론 왕의 서신에도 그렇고 서신을 들고 온 시신들 역시 히스기야가 얼마나 대단한 왕인지 한껏 부추겼을 것이다. 대국인 앗수르의 군대도 한 방에 보내버리고, 죽을병에서도 신의 은총으로 깨끗함을 받고, 당신은 정말 대단한 사람이라고 말이다.

이때 원래 히스기야의 모습이라면 어떻게 반응하는 것이 맞는가? 앗수르 군대를 물리친 것도, 죽을병에서 나은 것도 자신의 힘으로 해결하지 않은 것이 너무나 자명한데 말이다. 더욱이 하나님이 이스라엘을 '제사장 나라'로 세우신 원래 목적대로라면 히스기야는 마땅히 모든 영광과 찬송을 하나님께 돌려야 하지 않겠는가?

그러나 히스기야는 그렇게 하는 대신 '내 나라와 내 것'을 자랑하는 어처구니없는 자로 돌변한 것이다. 그리고 나라의 보물 창고와 무기고를 보여주면서 남유다가 얼마나 부유한 나라인지, 또 앗수르를 어떻게 이기게 되었는지 마치 증명이라도 하듯 흥분하며 보여준 것이다.

교만의 싹

아니 히스기야가 왜 이렇게 되었을까? 처음 왕이 되었을 때나 앗수르의 대군이 쳐들어왔을 때 그리고 죽을병 앞에서는 히스기야라는 인물 안에 잠재되어 있던 '교만'이라는 싹과 가라지가 미처 힘을 발휘할 겨를도 없이 그는 절대적으로 하나님만을 의지하고 매달렸다. 그러나 이 모든 간절함이 사라지자 그의 안에 내재된 교만과 자긍심이 서서히 모습을 드러내기 시작하더니 바벨론 사신들의 칭송과 아부가 여기에 불을 붙여버린 것이다.

이 두 모습을 의도적으로 비교하듯 이사야서 38장 1절의 "그 때에"와 39장 1절의 "그 때에"가 사뭇 대조를 이루며 기록되어 있다. 38장까지는 여전히 겸손함과 갈급함으로 하나님의 은혜를 붙들 수밖에 없었으나 39장에 이르러서 모든 것이 다 해결되어 이제는 갈급함으로 매달릴 필요가 없는 때가 되어버린 것이다.

그래서 차라리 위기와 어려움의 때가 더 나을 수 있다는 말도 있다. 그때는 너무 힘들고 어려워 감히 스스로 만족하거나 자긍심으로 교만할 수 없기 때문이다. 그러나 좀 살만 하고 여유가 있다 싶으면 우리 마음이 둔해지면서 어느덧 내면 깊이 잠재되어 있던 엉뚱한 싹들이 고개를 들기 시작하다가 한순간 폭발하듯이 드러나기 시작한다.

스스로 삼가라

이 점을 지적해주는 말씀이 신명기에 나온다. 이제 곧 요단강을 건너 가나안 땅을 정복하러 들어갈 이스라엘의 2세대들을 향하여 모세는 그들이 그 땅에서 먹고 배부르고 모든 것이 풍성해질 때, '그 때'를 조심하라고 경고한다.

> 여호와께서 너희의 땅에 이른 비, 늦은 비를 적당한 때에 내리시리니 너희가 곡식과 포도주와 기름을 얻을 것이요 또 가축을 위하여 들에 풀이 나게 하시리니 네가 먹고 배부를 것이라 너희는 스스로 삼가라 두렵건대 마음에 미혹하여 돌이켜 다른 신들을 섬기며 그것에게 절하므로 여호와께서 너희에게 진노하사 하늘을 닫아 비를 내리지 아니하여 땅이 소산을 내지 않게 하시므로 너희가 여호와께서 주신 아름다운 땅에서 속히 멸망할까 하노라
>
> 신 11:14-17

하나님의 반격

처음 그 땅에 들어가 수많은 전쟁을 치를 때는 간절한 마음으로 하나님만을 의지할 수밖에 없다. 그러나 전쟁이 끝나고 정착하여 이른 비와 늦은 비를 내려주심으로 먹을 곡식도 많고 기름도 많고 가축도 많아져서 모든 것이 풍성하고 살 만하고 편해지면 그때 "너희는 스스로 삼가라", 즉 정신을 차리라는 말이다.

이 말의 뜻은 아주 분명하지 않은가? 잘되고 풍성해지고 편안해지면 정신 차리기가 쉽지 않다는 말이다. 힘들고 어렵고 간절하면 정신을 바짝 차린다. 그때는 아무도 가르쳐주지 않아도 갈급하고 목말라서 그렇게 하게 된다. 교만도 자긍심도 생겨날 틈이 없다. 그러나 모든 것이 다 잘 되고 풍성하고 편해질 때는 정신을 차리기가 너무 어렵다. 이것은 누구든지 예외가 없다.

그렇다면 정신을 차리고 있지 않으면 어떻게 되는가? 바로 이어서 나온다. "마음에 미혹하여 돌이켜 다른 신들을 섬기며 그것에게 절하므로", 즉 정신을 차리지 않으면 어느 순간 잘 지키던 마음이 미혹된다는 뜻이다. 그 결과 하나님을 의지하고 섬기던 마음이 둔해지고 거만해져 다른 엉뚱한 것을 섬기고 의지하게 되기가 너무 쉽다.

이것이 무서운 이유는 이미 이 상태에 이르면 자신이 그렇게 된 사실을 모르기 때문이다. 그래서 실제적으로 내 마음이 미혹되어 둔해졌는지는 스스로 진단하기가 참 어렵다. 아니 히스기야가 그렇게 되리라고 누가 예상이나 했겠는가?

히스기야가 어떤 사람인가? 평생 모든 문제를 신앙으로만 돌파하고 해결함으로 누구보다도 살아 계신 하나님을 깊이 경험했던 사람이 아닌가? 그런데 그런 그도 자신이 미처 알지 못하는 사이에 어느덧 둔감해져서 참으로 어리석고 미련한 일을 행한 것이다.

히스기야의 문제는 마치 그가 떠버리처럼 자랑하고 보여주면서 자긍한 것만이 아니다. 그의 중심에서 하나님이 사라진 것이다. 엄밀하게 말하면 그 자신이 하나님의 자리에 앉아 모든 칭송과 영광을 받으며 보물 창고와 무기고를 보여주어 화답한 것이었다.

마음을 경작하라

그렇다면 나의 마음이 둔하고 미혹되어가고 있다는 사인(sign)을 어떻게 하면 알 수 있을까? 스스로 영적인 진단을 해보는 것은 사실상 어려울 수 있다. 다만 팩트체크(fact-check)를 통해서 진단해볼 수 있다. 여기에 매우 중요한 성경적 자기 진단 팩트가 있다.

첫 번째, 주님 앞에 머무는 시간이 줄고 있다면 이미 둔감해지고 미혹되기 아주 쉬운 상태라고 인정하면 된다. 주님 앞에 머무는 시간이 소홀해지면서도 마음이 민감하게 깨어 미혹되지 않고 신앙생활을 잘할 수 있다고? 다윗도 안 되었다.

다윗이 장막을 세워 주야로 하나님을 대면하고 인도하심을 좇아 살 때 그는 하나님의 마음에 맞는다는 말까지 들었던 사람이다. 그러나 그런 다윗도 하나님 앞에 머무는 시간을 놓치자(밧세바를 범할 때 장막에 거한다는 기록이 나오지 않는다) 곧바로 삶의 균형이 무너지기 시작하더니(전쟁이 본격적으로 시작되는 때에 해질 때까지 낮잠을 자고 일어난다) 결정적인 한순간에 미혹되어 마지막까지 떨어져버렸다.

그러므로 마음이 미혹되어 둔해지지 않으려면 목숨을 걸고 하나님 앞에 머무는 시간을 지켜내야 한다. 말씀이든 기도든 개인적인 찬양과 예배의 시간이든 이 시간을 지켜내야만 우리 안에 내재되어 있는 죄와 연약함을 다스릴 수 있다.

20년이 넘게 사역을 하면서 수많은 믿음의 선배들의 말년에 일어난 안타까운 문제들을 들었는데, 그 공통점은 주님 앞에 머무는 시간을 놓쳤다는 사실이다. 여기에는 장수가 없다. 주님 앞에 머무는 시간을 놓치면 우리는 결국 죽는다는 것이 결론이다. 다른 어떤 것으로도 대체할 수 없다. 그러므로 우리는 살기 위해 주님 앞에 머무는 시간을 지키고자 몸부림쳐야 한다.

조언과 충고를 들으라

두 번째, 우리의 마음이 둔하여 미혹되어가고 있을 때 나타나는 현상은 내가 평소 신뢰하고 의지하던 사람들의 충고와 권면이 자꾸 귀에 거슬리고 불편해지기 시작한다는 것이다.

비성경적인 비판과 정죄의 말이 거슬리고 불편하다는 것이 아니다. 내가 함께 신앙생활 하면서 신뢰하고 의지하던 동료나 영적인 선배들 또는 사역자들이 내 모습을 보고 조심할 부분이나 경계해야 할 부분에 대해 말해주는데 자기도 모르게 짜증이 나고 듣기 싫어진다면 이미 둔감하고 교만해졌다고 봐야 한다.

자긍하고 교만한 사람의 특징은 조언과 충고를 듣기 싫어하고 사람들의 좋은 말과 높이는 말만 듣고 싶어 한다는 것이다. 마치 당뇨병 환자가 당에 민감하게 반응하듯이 이제는 쓴소리에 대해서는 냉소적이고 아예 귀를 닫아버린다. 그리고 그 문제로 인해 큰 위기에 봉착했을 때는 문제에 대한 대안을 내놓을 수 없는 사람들, 내 주변에 온통 그런 '예스맨'들만 모여 있다는 사실을 깨닫게 될 것이다.

그만큼 마음을 지키기가 쉽지 않다. 마음은 마음먹은 대로 움직이지 않고 얼마나 경작하여 준비되어 있느냐에 따라 움직인다. 히스기야의 경우, 외적으로 영적인 개혁을 하며 공동체와 나라를 변화시키는 일에 힘썼지만 정작 자기 안에 있는 마음의 정원을 가꾸고 살피는 일을 게을리하다가 경계의 끈이 느슨해진 어느 날 예상하지 못한 문제로 넘어진 것이다. 이를테면 어마어마한 사역으로 놀라운 역사와 열매를 만들어낸 사역자가 전혀 엉뚱한 실수와 내면의 문제로 허무하게 무너져내리는 경우와 같다.

어쩌면 그는 이미 내부의 경계망이 다 허물어져서 어떤 문제가 밀려오든지 무너지게 되어 있었는지도 모른다. 그렇지 않다면 겸손히 하나님을 의지하고 매달렸던 사람이 어떻게 하루아침에 교만하여 하나님이 받으실 영광을 알량한 보물 창고와 무기고를 자랑하며 자신에게 돌리는 사람이 되겠는가?

좀 더 깊이 진단해본다면 그가 입은 내상(內傷)의 영향 또한 생각해볼 수 있다. 아하스 왕이라는 아버지, 그 후 나라를 개혁하고 앗수르 군대를 믿음으로 돌파하고 죽을병도 믿음으로 다 돌파해냈지만, 그 과정에서 원수가 쏜 불화살로 인한 내상을 그냥 지나친 게 아닌가 싶다. 그러나 이것도 결론은 마음을 살피지 않은 것이다.

마지막 때가 가까울수록 하나님의 시대적 경륜을 깨닫고 인도하심에 따라 놀라운 반격에 동참하는 삶을 사는 것도 중요하지만, 그와 마찬가지로 원수들도 끊임없이 우리 마음에 가라지를 뿌리고 불화살을 쏘며 우리의 경계가 느슨해지는 한순간을 노린다는 사실 또한 기억해야 한다.

왕도(王道)가 없다. 날마다 순간마다 말씀 앞에 나를 세우고 기도의 자리에서 버티어 정원을 가꾸듯 마음을 살피고 돌보는 것이다. 원수가 뿌린 가리지는 뽑아버리고, 불화살이 꽂혀 썩어가는 곳이 있다면 도려내어야 한다. 다시 말씀의 잔디를 심고 휴지도 줍고 매일매일 점검할 때 오히려 우리 마음이 하나님의 보물 창고와 무기고가 되어가는 것이다.

하나님의 반격

05

준비된 한 사람을 세우는 일

사 39:1-8

히스기야의 치명적인 실수

히스기야는 자긍하고 교만한 것으로 끝나지 않고 그의 말년에 더 치명적인 실수를 범하게 된다. 바로 많은 아들들 가운데 하필 12살밖에 안 된 어린 므낫세에게 자신의 왕위를 물려준 것이다.

히스기야가 하나님의 치유하심을 경험하고 3년이 되어 므낫세가 태어났고 당시 히스기야가 42세였으니 인간적으로 보면 얼마나 귀한 아들이었겠는가? 죽음을 이기고 낳은 생명이자 늦게 얻은 아들이니 특별한 의미가 있었던 아이임에 분명하다.

그러나 한 나라를 이끌기에는 미처 준비되지 못한 것이 사실이고 어머니의 영향을 받을 수밖에 없는 어린아이에 불과했다. 사실 므낫세가 왕이 되어 행한 모든 악행은 결국 어린 그에게서 나왔다고 보기보다는 그의 어머니의 영향력이 컸다고 보는 것이 맞다.

생각해보라. 12살에 왕이 된 므낫세가 무슨 열정이 넘쳐서 온 나라를 우상숭배와 죄악으로 물들게 했겠는가? 그의 어머니의 영향이 아니겠는가? 그렇다면 히스기야가 어린 므낫세를 왕으로 세울 때 준비되지 않은 므낫세와 므낫세에게 영향을 끼칠 수밖에 없는 그의 어머니의 영적인 상태를 전혀 보지 못했을까? 아니면 보고도 인간적인 마음으로 결정해버렸나?

결국 하나님의 인도하심과 분별을 통해서가 아니라 인간적인 생각과 둔감해진 마음의 교만으로 저지른 실책이라는 결론을 내릴 수밖에 없다. 히스기야는 생명을 연장받고 나서도 하나님 앞에 깨어 겸비하는 일에 반복적으로 실패한 것이다. 이토록 마음을 잡기가 쉽지 않다는 것이다.

영적 바통을 이어갈 다음 세대

내가 이 부분을 자세히 다루고자 하는 이유가 있다. 지금 한국 교회는 이처럼 영적인 바통을 다음 세대 목회자에게 넘겨주는 일들이 집중되는 시즌을 보내고 있다.

평생을 기도와 헌신으로 몸 된 교회를 아름답게 세운 목회자들이 은퇴하면서 다음 세대들에게 그 영적 유업을 물려주는 일들이 여기저기서 일어나고 있다. 그러나 안타깝게도 다음 리더에게 영적 바통이 잘 전달되어 몸 된 교회가 영적으로 더 깨어나 부흥하고 있다는 이야기를 듣기는 좀처럼 어렵다. 다음 사역자들이 실패하고 있다는 말이 수없이 들린다. 그렇다면 영적으로 훌륭하신 분들이 왜 이런 안타까운 실수를 하셨을까? 정말 사람을 제대로 보지 못한 것일까? 아니면 제대로 보았으면서도 하나님의 인도하심보다 히스기야처럼 인간적인 이유가 더 앞서서일까? 아니면 말년에 그들도 마음이 둔감해지고 자긍하여 전혀 엉뚱한 결정을 내린 것일까? 어찌되었든 그 대가는 그가 사는 시대가 아니라 그다음 시대에 톡톡히 치르게 되었다.

므낫세 이후 요시야 왕이 일어나 히스기야만큼이나 어마어마한 개혁을 이루며 나라를 하나님 앞에 바로 세웠지만, 하나님은 남왕국 유다를 향한 심판을 거두지 않겠다고 말씀하셨다. 그 이유는 바로 므낫세 때문이었다. 므낫세가 행한 죄악 때문에 하나님께서 마음을 돌이키지 않겠다고 하신 것이다.

상상해보라. 만약 모세가 이스라엘의 다음 세대 리더로 하나님의 뜻에 따라 여호수아를 세우지 않고, 인간적인 마음으로 자신의 아들이나 또는 전혀 준비되지 않은 사람을 세웠더라면 어떻게 되었겠는가?

출애굽과 40년 광야생활을 하면서도 끝까지 포기하지 않고 준비하여 드디어 요단강을 건너 유업의 땅을 취하기까지 평생을 수고하고 나서 마지막에 준비되지 않은 엉뚱한 리더를 세웠다면 한순간에 그 수고가 다 헛되고 마는 것이다.

도대체 왜 이런 실수를 하는가? 마음이 둔하여졌다는 말은 영적으로 하나님을 향한 마음이 둔해지고, 세상적으로 인간적으로는 도리어 민감해진 상태를 말한다. 사울 왕처럼, 히스기야 왕처럼 하나님에게 민감해져야 하는 마음이 사람과 환경에 빼앗기면 결국 어리석은 실수를 하고 만다. 마찬가지로 사역을 잘 감당하는 것만큼이나 그 사역을 이어서 감당할 한 사람을 세우는 일이 얼마나 중요한지 다시 한번 확인하게 된다. 그렇지 않다면 하나님의 놀라운 반격을 위해 평생을 준비한 모든 일이 엉망이 될 수도 있다.

그러므로 우리는 마지막까지 민감하게 깨어 하나님의 의중과 인도하심을 좇아야 한다. 그리고 그렇게 될 수 있도록 마음을 지키고 또 지켜서 준비된 리더를 세워 하나님의 때에 놀라운 반격의 통로로 쓰임 받을 수 있도록 준비해야 한다.

준비된 리더를 세우라

모세가 눈의 아들 여호수아에게 안수하였으므로 그에게 지혜의 영이 충만하니 이스라엘 자손이 여호와께서 모세에게 명령하신 대로 여호수아의 말을 순종하였더라 신 34:9

모세가 여호수아를 다음 세대 리더로 세우는 일에는 두 가지 원리가 있었다. 첫째, 하나님의 뜻이었다. 다시 말해 리더는 하나님이 세우신다는 의미다. 그러므로 리더가 자신을 이어갈 다음 리더를 세울 때는 반드시 기도를 통해 하나님의 구체적인 인도하심을 받아야 한다.

둘째, 여호수아는 모세의 수종자였다. 여호수아는 모세 밑에서 모세가 하나님과 어떻게 대화하며 인도하심을 받는지, 그리고 어떻게 백성들을 인도하는지 보고 배우며 따라간 사람이다. 한마디로 모세 밑에서 배우며 잔뼈가 굵은 사람이었다.

그런 사람이 다음 리더로 세움을 받는 것이 가장 성경적이지 않은가? 아주 오래전 이 부분에 대해 한 유명한 목사님과 이야기를 나누었던 기억이 난다. 나의 질문은 왜 훌륭한 목사님들이 평생 사역하면서 제자를 세우셔놓고, 정작 다음 리더를 세울 때 자신과 함께한 제자에게 사역을 물려주지 않느냐는 것이었다. 한마디로 왜 사역을 물려줄 제자가 없느냐, 왜 사역을 이어갈 제자를 세우지 않느냐는 것이다. 서로 매우 불편한 대답으로 나눔을 마쳤지만 나는 지금도 이 부분에 안타까운 마음이 있다.

왜 성도들은 제자훈련의 대상으로 보면서 함께 동역하는 부사역자들은 세워줄 대상으로 보지 못하는가? 왜 경쟁의 대상으로 보는가? 이 부분을 충분히 나눌 수는 없지만, 한 가지 분명한 것은 우리에게 아비의 마음이 더 필요하다는 것이다. 아비는 경쟁하지 않는다. 오히려 더 잘되기를 기뻐하고 세우는 자들이기 때문이다.

우리의 사역은 결국 사람을 세우는 것이다. 주님도 우리에게 제자를 세우도록 명령하셨고, 자신도 제자들을 세우신 후 사역을 물려주고 떠나지 않았던가? 결국 우리는 마지막까지 민감하게 깨어 주님의 인도하심을 좇아 사람을 사랑하고 세우는 일을 해야 한다. 준비된 하나님의 사람들에게 우리의 사역의 바통을 넘겨주어 계속해서 주님 오실 길을 준비하도록 해야 하지 않겠는가? 마지막 때를 준비할 가장 중요한 사역이 준비된 하나님의 사람을 세우는 일이라는 점을 명심해야 한다.

준비된 다음 세대 리더는 공동체를 놀라운 하나님의 군대로 세워 마지막 추수와 오실 주님의 길을 준비하는 통로로 쓰임받을 것이다. 그러나 그렇지 않은 리더라면 오랫동안 준비해온 모든 것을 한순간에 날려버린다. 그렇게 되지 않도록 우리는 마지막을 준비하는 마음으로 잘 훈련되고 준비된 하나님의 사람들을 세워 믿음의 바통을 넘겨주는 일에 집중해야 한다.

내가 새 일을
알리노라

1 내가 붙드는 나의 종, 내 마음에 기뻐하는 자 곧 내가 택한 사람을 보라 내가 나의 영을 그에게 주었은즉 그가 이방에 정의를 베풀리라 **2** 그는 외치지 아니하며 목소리를 높이지 아니하며 그 소리를 거리에 들리게 하지 아니하며 **3** 상한 갈대를 꺾지 아니하며 꺼져가는 등불을 끄지 아니하고 진실로 정의를 시행할 것이며 **4** 그는 쇠하지 아니하며 낙담하지 아니하고 세상에 정의를 세우기에 이르리니 섬들이 그 교훈을 앙망하리라 **5** 하늘을 창조하여 펴시고 땅과 그 소산을 내시며 땅 위의 백성에게 호흡을 주시며 땅에 행하는 자에게 영을 주시는 하나님 여호와께서 이같이 말씀하시되 **6** 나 여호와가 의로 너를 불렀은즉 내가 네 손을 잡아 너를 보호하며 너를 세워 백성의 언약과 이방의 빛이 되게 하리니 **7** 네가 눈먼 자들의 눈을 밝히며 갇힌 자를 감옥에서 이끌어 내며 흑암에 앉은 자를 감방에서 나오게 하리라 **8** 나는 여호와이니 이는 내 이름이라 나는 내 영광을 다른 자에게, 내 찬송을 우상에게 주지 아니하리라 **9** 보라 전에 예언한 일이 이미 이루어졌느니라 이제 내가 새 일을 알리노라 그 일이 시작되기 전에라도 너희에게 이르노라

01

하나님의
반격을 꿈꿔라

사 42:1-9

다시 새 일을 행하신다

나는 이사야서 말씀을 묵상하며 개인적으로 많은 은혜를 받았다. 지금의 우리와 비슷한 상황 가운데 있었던 이사야의 삶을 근본적으로 바꾼 '하늘 예배'에 대한 경험을 보면서 나도 동일한 은혜를 사모하며 구하기 시작했다.

또한 가장 절망적인 메시지를 선포하면서도 여전히 하나님이 행하실 새 일, 놀라운 반전의 메시지를 선포하는 것을 보면서 마지막 때 역시 가장 절망적인 상황에서 놀라운 새 일을 행하실 하나님에 대한 확신과 소망이 내 안에서 일어났다.

역사의 결정적인 순간마다 아무도 예측하지 못했던 놀라운 일들을 행하셨던 하나님이 이전과 같이 여전히 다시 새 일을 행하시겠다고 말씀하신 것이다. 우리 하나님은 늘 새 일을 준비하시고 행하시는 분이다. 누구도 예상하지 못한 하나님 차원의 새 일을 통해 놀라운 반격으로 세상을 뒤흔드셨고, 앞으로도 그렇게 새 일을 행하실 것이다.

우리 하나님은 창조의 하나님이시다. 늘 새롭게 창조하시고 끊임없이 새로운 일을 행하시는 분이다. 하나님의 성품 자체는 변함없이 신실하시고 우리를 향한 그분의 사랑과 은혜 또한 변함이 없다. 그것들을 구체적으로 풀어내시고 실행하실 때는 늘 새롭게 일하신다.

그래서 하나님이 행하실 일에 대해 누구도 감히 예측하거나 미리 준비할 수 없다. 우리가 하나님께 우리의 시선과 마음을 집중해야 하는 이유도 이 때문이며, 따라서 우리가 하나님을 좇는 삶은 결코 지루하거나 따분할 수가 없다. 그분은 늘 새롭게 일을 행하시기 때문이다.

만약 믿음의 삶이 답답하고 지루하다면 그것은 아직도 자신이 주인이 되어 자신의 환경과 역량 안에 갇혀 있기 때문이다. 창조주 하나님이 주인 된 삶으로 온전히 들어가면 상황과 환경 그리고 나의 한계와 상관없이 늘 새롭게 역사하시는 하나님의 다이내믹한 일들을 경험하게 되고, 매 순간 우리에게 풍성히 공급하시는 그분의 신실하심 또한 함께 경험하게 된다. 그때 우리는 하나님의 새 일 앞에서 새 노래로 그분을 찬양하고 경배한다.

그러므로 지금 우리는 이 믿음의 기대와 소망으로 하나님께서 앞으로 행하실 놀라운 새 일 '하나님의 반격'을 꿈꾸어야 한다. 준비해야 한다. 남들이 가장 어둡고 가장 절망적이라고 말할 때 믿음의 사람들은 소망을 꿈꾸며 준비한다.

하나님의 새 일에 일어나는 사람들

이사야서 42장 9절, 하나님의 새 일에 대한 예언이 언제 선포되었는지 아는가? 히스기야 때 바벨론에 의해 남왕국 유다가 결국 멸망하여 포로로 끌려갈 것이라는 말씀이 선포된 바로 다음이다.

절망적인 메시지 다음으로 하나님은 예상을 뒤엎는 놀라운 일을 이미 작정하시고 선포하셨다. 지금 하나님의 반격은 서서히 수면 위로 드러나기 시작하고 있다. 어떻게 아느냐고? 절망과 어둠의 끝은 소망과 빛이기 때문이다. 가장 어두운 이스라엘의 역사 위에 메시아가 오셨고 죽음이라는 절망 이후 그는 부활하셨다.

그러므로 우리는 준비해야 한다. 이 땅에 그루터기인 거룩한 씨가 준비되면 그때부터 세상을 뒤엎을 놀라운 반격인 하나님의 경륜이 풀리기 시작할 것이다. 하나님은 늘 준비되어 계신다. 문제는 땅이다. 땅에 하나님의 뜻을 담아내고 감당할 수 있는 거룩한 씨들이 준비될 때 그분은 일하기 시작하신다.

성경을 보면 이와 같은 하나님의 역사가 일어날 때 항상 세 가지 과정이 나타난다. 첫째, 하나님으로부터 말씀의 확증을 받고, 하나님의 새 일에 대한 사인(sign)을 선포하는 자들이 나타난다. 마치 왕으로부터 명령을 받고 군대를 출정하도록 사인을 보내는 나팔수와 같은 사람들로서 구약의 선지자들과 같은 사람들이다.

둘째, 그 사인을 기다렸다는 듯이 곧바로 반응할 수 있도록 미리 깨어 준비하고 있던 자들이 나타난다. 이들은 군대 장관과 같은 영적인 장교들로서 민감하게 깨어 있는 부류의 사람들이다.

셋째, 그 움직임들을 파악하고 그 흐름에 동참하는 자들이 나타난다. 사인을 보고 즉시 움직일 만큼 민감하게 깨어 있지는 못해도 그 움직임이 하나님으로부터 온 것임을 감지할 수 있는 자들로서 믿는 소수의 무리라고 볼 수 있다. 이들 또한 매우 중요한데 이들의 움직임이 결국 하나님의 일에 대한 무브먼트(흐름)를 만들기 때문이다.

하나님의 새 일에 대한 이 과정들은 이전에도 있었고 이후에 다시 있을 것이다. 하나님의 말씀을 받아 사인을 나타내는 자, 그 사인을 보고 즉각 움직이는 자, 그리고 마지막으로 그 움직임이 하나님으로부터 온 것임을 분별하고 동참하는 자들이 일어날 때 새로운 하나님의 반격이 일어나게 될 것이다.

02

누구도 알지 못한
하나님의 새 일

사 42:1-9

하나님의 모략, 예수 그리스도

오래전부터 하나님의 이 놀라운 일은 은밀하지만 너무나 분
명하게 선포되었다. 이사야 선지자는 남왕국 유다의 멸망을
선포하였고 예레미야 선지자는 70년 포로 후 그들이 회복하
여 돌아올 것을 선포하였다.

그리고 포로가 되었던 이스라엘이 고국으로 돌아오는 것
과는 비교할 수 없는, 인류 역사상 가장 놀라운 하나님의 대
반격에 해당하는 하나님의 새 일을 이어서 선포하였다.

누구도 상상하지 못한 일이었기에 달라스 윌라드(Dallas
Albert Willard)는 그의 책에서 이 일을 '하나님의 모략'이라고

표현했다. 정확히 말하면 '거룩한 음모'(divine conspiracy)로 마치 은밀하게 꾸미듯 누구도 알지 못한 하나님의 새 일, 즉 하나님의 아들인 메시아가 인간의 몸을 입고 이 땅에 오신 사건이었다.

이사야를 비롯한 많은 구약의 선지자들이 이 놀라운 하나님의 반격을 은밀하게 예언하였고, 신약 시대를 열었던 세례 요한은 그 사인(sign)을 나타내는 광야의 선포자였다. 하나님이 사람의 몸을 입고 사람의 세상으로 오셔서 자신의 피조물인 사람들을 위하여 자신의 생명으로 대속의 값을 지불해 주시는 어린 양이 되신 것이다.

이사야서 42장에서도 오실 하나님의 종인 메시아를 가리켜 "내가 택한 사람을 보라"라고 기록하고 있다. 하나님께서 자신의 아들을 이 땅에 '사람'으로 보내기로 작정하신 것이다. 그리고 하나님의 아들이신 예수 그리스도께 성령님을 부어주셔서 인간의 몸을 가지셨으나 몸의 한계를 뛰어넘어 하나님의 능력과 권능을 풀어내는 새 일, 즉 새로운 차원의 삶을 보여주신 것이다.

내가 붙드는 나의 종, 내 마음에 기뻐하는 자 곧 내가 택한 사람을 보라 내가 나의 영을 그에게 주었은즉 그가 이방에 정의를 베

풀리라 사 42:1

성령 하나님의 능력의 역사

예수는 인류 구원을 위한 메시아로서의 사역만이 아닌, 자신을 믿는 제자들에게 육신의 몸을 가진 사람이 몸의 한계를 뛰어넘어 어떻게 하나님의 강력한 통로로 쓰임 받을 수 있는지를 보여주셨다. 그래서 이 예수를 믿고 거듭난 하나님의 자녀들에게 동일한 성령님을 부어주셔서 예수님이 행하신 일들을 그들도 행할 수 있도록 하셨으며, 그보다 더 큰 일도 할 수 있다고 도전하셨다.

> 내가 진실로 진실로 너희에게 이르노니 나를 믿는 자는 내가 하는 일을 그도 할 것이요 또한 그보다 큰 일도 하리니 이는 내가 아버지께로 감이라 요 14:12

그러므로 예수님을 믿고 거듭나서 주님을 따르는 제자인 우리는 이제 몸의 능력을 의지하여 사는 자들이 아니라 성령 하나님의 능력을 힘입어 주님이 행하신 동일한 일들을 할 수 있을 뿐만 아니라 그렇게 행할 수 있는 주님의 제자도 세울 수 있는 부르심을 받은 자들이다. 예수님의 사역과 능력이

하나님의 반격

보잘것없는 우리 인생들을 통해 증폭된 것이다.

사탄과 어둠의 영들이 왜 미쳐 날뛴다고 보는가? 우리를 잡아먹으려고? 우리가 만만해서? 그 반대다. 인간의 몸을 지닌 한계를 가진 존재들이 어느 순간 예수님처럼 몸의 한계와 자신의 역량을 뛰어넘어 성령의 능력을 도처에서 행하고 있으니 그것을 막기 위해 미쳐 있는 것이다. 구약시대와 예수님의 공생애까지만 해도 한두 사람만 상대하던 사탄과 귀신들이 이제는 사방에서 예수의 영으로 충만함을 입고 일어난 수많은 사람들을 상대해야 하니까 벅차서 허리가 휘어가고 있다.

소수의 특정한 사람에게 집중되어 있던 리더십과 힘이 많은 제자들에게로 확산될 때 상대적으로 사탄과 어둠의 세력들이 감당해야 할 싸움은 훨씬 더 복잡하고 어려워진다.

마지막 때가 가까울수록 성령 하나님의 역사가 더 강력하게 일어나고, 동시에 성령으로 충만한 더 많은 제자가 도처에서 함께 일어날 것이다. 그 결과 복음은 모든 나라와 민족과 족속 그리고 언어로 전파되며 원수의 나라는 무너지게 될 것이다. 놀라운 하나님의 반격이 이제 곧 시작될 것이다.

순종하시는 종의 삶

그렇다면 이 능력의 비밀은 어디에 있는가? 어떻게 하면 우리도 성령의 능력을 힘입어 몸의 한계를 뛰어넘고 우리가 사는 이 물리적인 시공간의 한계를 넘어서는 새로운 삶으로 들어갈 수 있는가?

이사야서 42장 1절에는 사람의 몸을 입고 이 땅에 오신 하나님의 아들 예수 그리스도를 가리켜 "나의 종"이라고 기록하고 있다. 즉, 예수님이 하나님의 아들이시지만 이 땅에서 인간의 몸으로 사신 동안은 철저히 하늘 아버지의 뜻에 순종하시는 종의 삶을 사신 것이다.

이 순종은 자연스럽게 이루어진 것이 아니라 예수님도 고난을 통해 배워서 온전하게 되셨다고 성경은 말한다.

> 그가 아들이시면서도 받으신 고난으로 순종함을 배워서 온전하게 되셨은즉 자기에게 순종하는 모든 자에게 영원한 구원의 근원이 되시고 히 5:8,9

결론적으로 하나님의 놀라운 새 일은 온전한 순종을 통해서만 가능하며, 순종은 고난이라는 훈련을 통해 배우는 것임을 예수님이 보여주셨다. 그렇다면 주님은 고난을 통해 무엇을 배우셨고 온전한 순종을 이루신 그분의 마음에는 무엇이 있었을까?

하나님의 반격

사실 이 부분이 우리가 마지막 세상이라는 권력과 힘에 대항하여 싸울 핵심 가치가 될 것이다. 예수 그리스도의 성육신(成肉身)만큼이나 놀라운 것이 그분이 이 땅에 사시는 동안 품었던 마음이다. 그것은 우리를 놀랍게 만들다 못해 당혹스럽게 만든다.

어떻게 하나님의 의를 이룰 것인가?

당시 로마라고 하는 제국의 강력한 권력과 산헤드린이라는 종교적 힘 앞에 예수님이 추구하셨던 두 가지는 '겸손'과 '온유'이다.

> 그는 외치지 아니하며 목소리를 높이지 아니하며 그 소리를 거리에 들리게 하지 아니하며 상한 갈대를 꺾지 아니하며 꺼져가는 등불을 끄지 아니하고 진실로 정의를 시행할 것이며 사 42:2,3

당시 로마는 팍스 로마나(Pax Romana)를 외치며 제국의 권력과 잘 조직된 체제를 토대로 많은 야만족의 나라들을 강압적으로 굴복시켰다. 그들은 새롭게 발달한 사회와 문화 그리고 정치를 기반으로 한 새로운 정의를 실현한다는 이름으로 온 나라와 민족들을 향해 목소리를 높였다.

마찬가지로 당시 산헤드린을 이룬 대제사장 그룹들과 바리새인들과 서기관들은 율법과 전통의 잣대를 들이대며 맞지 않는 자들을 향하여 정죄와 판단의 칼날을 휘둘렀다. 그 칼끝에 상한 갈대들은 꺾이고, 꺼져가는 약한 등불 같은 작은 믿음은 꺼져버렸다.

율법과 전통을 통해 의(義)를 이루겠다는 그들의 종교적 횡포에 영혼들은 정죄감과 경건의 모양만을 추구하는 형식에 묶여버렸다. 이때 주님은 전혀 다른 모습으로 그들에게 찾아오신 것이다.

제국의 권력과 율법의 힘이 아니라 지극히 겸손한 하나님의 어린 양으로 오셔서 가난한 자, 상한 자, 의에 주리고 목마른 자, 세상에 소망 없고 힘들어 흐느끼고 원통해 하는 그들을 위로하시고 품어주신 것이다.

권력 앞에서는 겸손으로, 그리고 힘 앞에서는 온유함으로 그 당시 세상의 원리와는 전혀 다른 방향으로 이 땅에 하나님나라의 정의를 시행하고 세우셨다. 우리가 주목해서 봐야 할 것은 당시 로마도 산헤드린도 결국 정의와 의를 이루겠다는 명목으로 시작한 일들이지만, 그들이 지나간 자리에는 특권 계층을 위한 정의와 자신들만의 의만 남았고 나머지 모두에게는 고통과 아픔을 주었다는 사실이다.

그리고 이 일은 2천 년 전 당시 지중해와 예루살렘 땅뿐만 아니라 우리가 살아가고 있는 2021년 지금 이곳에서도 여전히 반복되고 있다. 그러면 여기서 우리는 어떻게 하나님의 의를 이룰 것인가? 어떻게 주님의 길을 좇아 살며 오실 그분의 길을 준비해야 하는가?

이것이 이 시대 우리 믿음의 사람들에게 던져진 숙제이다. 앞으로 우리가 살아갈 세상은 여전히 그들만의 정의를 외치며, 탄탄한 체제와 구조를 기초로 한 권력의 칼을 내밀 것이며, 신의 의를 이룬다고 하는 거대한 종교의 힘을 주장할 것이다.

예수의
마음을 품으라

사 42:1-9

그리스도 예수의 마음

나에게는 오랫동안 씨름하고 있는 딜레마가 있다. 머리로는 잘 알겠고 너무나 아름답고 이상적이라는 것도 알겠는데, 나의 삶에 실제가 되기에 여전히 꺼려지는 성경적 가치가 있다. 예수님이 보여주신 세상을 뒤엎을 만큼 가공할 만한 가치에 대한 거부반응이 아직까지 내 안에 남아 있는 것이다.

만약 하나님이 여러분과 내가 사는 이 시대 이 세상을 다시 한번 뒤엎을 놀라운 새 일, 하나님의 반격을 작정하시고 행하신다면 과연 누구를 통해서, 그리고 어떻게 그 일을 행하실 것이라고 보는가?

권세 있는 높은 사람들? 2천 년 전에는 안 그러셨는데 지금은 그러신다고 보는 성경적 근거는? 실력 있고 능력 있는 사람들? 2천 년 전에도 안 그러셨는데 왜 지금? 그리고 그 성경적 근거는? 힘 있고 돈 있는 자들, 경험 많은 사람들, 머리 좋은 사람들? 그들을 주축으로 어마어마한 능력과 힘을 통해 세상을 뒤엎으실 것이라고 보는가? 물론 앞서 언급한 사람들을 전혀 사용하지 않겠다고 하시는 성경적 언급도 없다.

그러나 이들이 정말 주님이 찾으시는 사람들이고, 주님이 행하실 방법이냐고 묻는다면 당연히 아니라는 것을 잘 알지 않는가? 믿는 사람들이라면 이것이 아니라는 결론에 이를 것이다. 그렇다면 누구를 찾으실까? 예수님 같은 사람! 그게 누군데? 어떤 사람인데?

말장난하려는 것이 아니다. 하지만 이 본질을 놓치면 우리는 이 어두운 세상의 괴물을 잡겠다고 하다가 우리 자신이 괴물이 되어버리는 어처구니없는 실수를 저지르고 만다. 주님이 자신에 대해 언급하시며 그런 당신에게 배우라고 도전하신 말씀이 있다.

수고하고 무거운 짐 진 자들아 다 내게로 오라 내가 너희를 쉬게 허리라 나는 마음이 온유하고 겸손하니 나의 멍에를 메고 내게 배우라 그리하면 너희 마음이 쉼을 얻으리니 마 11:28,29

그리고 평생을 주님께 헌신한 사도 바울도 마찬가지로 다음과 같이 도전했다.

너희 안에 이 마음을 품으라 곧 그리스도 예수의 마음이니 그는 근본 하나님의 본체시나 하나님과 동등됨을 취할 것으로 여기지 아니하시고 오히려 자기를 비어 종의 형체를 가지사 사람들과 같이 되셨고 사람의 모양으로 나타나사 자기를 낮추시고 죽기까지 복종하셨으니 곧 십자가에 죽으심이라 빌 2:5-8

세상을 변화시킬 수 있는 마음

이 말씀의 핵심이 무엇인가? 여기서 품으라고 강조하는 그리스도 예수의 마음은 어떤 마음인가? 하나님인데 하나님과 동등될 것을 주장하지도 않으시고 자신을 다 비우고 낮추시고 죽기까지 복종하신 마음은 '겸손'이고, 마땅히 행할 권세도 있고 그렇게 할 수 있는 힘도 있지만 그렇게 하지 않으시고 아버지 하나님 앞에서 잠잠하셨던 '온유함'이다.

세상을 어떻게 변화시킬 수 있냐고? 어떻게 하면 하나님

하나님의 반격

의 놀라운 새 일, 세상을 깜짝 놀라게 할 반격을 시작할 수 있냐고? 성경이 예수님의 삶을 통해 우리에게 주시는 대답은 바로 이 '겸손과 온유함'이다.

겸손은 자신을 부인하는 데서부터 시작하고 하나님께 순종함으로 온전케 된다. 그러나 세상에서 정의를 이루겠다고 칼을 휘두르는 모든 사람은 시작부터가 그 반대다. 그들은 자신을 부인하는 대신 자신을 주장한다. 더욱이 하나님께 순종하지도 않는다.

온유함은 가지고 있는 힘을 조절하는 능력이다. 그러나 세상은 가지고 있는 힘 그 이상을 사용하려다가 무너진다. 어떻게 달라도 이렇게 다를 수 있을까?

그리고 세상이나 우리나 그 모든 중심에는 열정이 원동력이지만, 세상에서는 이 열정의 근원이 대부분 '불만과 분노'이다. 반면 우리의 열정은 '감사와 사랑'에서 나온다는 것이 다르다. 우리 주님이 그러셨던 것처럼 말이다.

하나님이 세상을 이처럼 사랑하사 독생자를 주셨으니 요 3:16

하나님이 사랑하신 세상을 우리도 동일하게 사랑함으로 그들을 살리고 세우기 위해 ,우리도 겸손함과 온유함으로 나아가야 한다. 비록 그들은 여전히 권력과 힘을 내세워 강압하지만, 우리는 권력 대신 겸손함으로, 힘 대신 온유함으로 나아가야 한다.

그럼 우리가 깨지고 부서지지 않는가? 때때로 순교하는 것 아닌가? 맞다. 그렇게 된다. (사실 여기서 힘차게 웃어야 하는데 글로는 달리 표현할 방법이 없어 안타깝다.) 깨어지고 죽는 것이다. 그런데 그렇게 십자가에서 깨지고 죽었더니 하나님께서 반격을 행하신 것이다. 부활로!! 우리가 해야 할 영역과 하나님이 행하실 영역이 엄연히 다름이 보이는가? 그렇다면 우리는 이 부분에서 자유할 수 있다고 믿는다.

사랑하는 여러분은 알고 있다. 앞서 말한 대로 나 역시 이 부분을 머리로 알고 있다. 아직도 가슴으로는 받아들이기 힘들어하며 갈등할 때가 많다. 그러나 내 성미에 맞든 안 맞든, 내 스타일이든 아니든, 예수 그리스도를 따라 성경의 가르침을 좇는 그리스도인이라면 이 진리를 좇아야 한다.

하나님의 반격은 세상이 주장하는 권력과 힘을 통해 나타나지 않는다. 오히려 이렇게 힘없고 맥없이 행할 때 하나님의 권능과 힘이 나타난다. 어떻게? 주님이 말씀하신다.

"네 힘과 권력으로 할래? 아니면 내 힘과 권력으로 할까?"

"너는 겸손으로 해. 그러면 너의 겸손을 통해 내가 나의 권

하나님의 반격

능을 나타낼 거니까."

"너는 온유함으로 해. 그러면 너의 온유함을 통해 내가 나의 힘을 나타낼 거야."

이것이 하나님의 반격이고 전략이다.

넘사벽을 돌파하라

그럼에도 불구하고 여전히 우리도 저들과 같이 권력과 힘으로 맞서야 한다고 주장하는 분이 있다면 다음 한 가지를 생각해보기 원한다.

그럼 그 권력과 힘으로 이룬 '정의와 의'는 누구를 위한 것이 될 것으로 보는가? 저들을 위한 정의와 의인가? 아니면 우리를 위한 것이 되는가? 결국 우리가 이룬 정의와 의가 다시 '우리만을 위한 정의와 의'가 되어버린다면 앞서 언급한 로마제국과 산헤드린이 주장하는 정의와 의와는 뭐가 다른가? 여전히 우리만을 위한 것이 되어버리는데….

그러나 하나님의 새로운 일은 우리가 넘지 못하는 우리라는 한계를 돌파한다. 당시 유대인들이 도저히 넘지 못한 '넘사벽'이 무엇이었나? 예수님을 삼 년이나 따라다녔지만 제자들조차 넘지 못한 넘사벽은 무엇이었나? 제자들의 질문 안에 이 넘사벽의 실체가 나타나 있다.

제자들을 포함해서 당시 유대인들이 넘지 못하는 넘사벽의 실체가 무엇인가? 바로 '우리'라는 관점의 한계이다. 우리 예루살렘, 우리 이스라엘, 우리만이라는 벽과 생각의 틀을 넘지 못한 것이다. 예수님께서 삼 년의 공생애 기간 동안 내내 함께 지내시면서 그들에게 그토록 '하나님나라'를 가르치고 도전하셨건만 주님이 떠나시기 바로 전까지 그들은 여전히 '우리 이스라엘'에 갇혀 있는 자신들의 한계점을 보여주었다. 이때 주님의 마음이 어떠셨을까? 겸손과 온유함이 주님의 마음에 있어서 감사하지 않겠는가?

하나님의 새 일은 이 '넘사벽'을 과감하게 깨뜨리고 돌파한다. 지금 우리가 사는 이 시대, 이 우리라는 넘사벽은 어느 때보다 더 강력해지고 있다. 일명 집단 이기주의 내지는 민족과 국가 이기주의, 쉽게 말해서 우리만 잘 되면 된다는 고집스럽고 편협한 틀은 앞으로도 온갖 분리와 다툼을 일으킬 것이다. 더 기막힌 사실은 앞으로 우리라는 넘사벽으로 똘똘 뭉친 그들이 여전히 공평과 정의라는 이름으로 권력과 힘을 더 모으려 들 것이라는 점이다.

이때 하나님의 새 일이 반격을 가할 것이다. 그리스도 예수의 마음인 '겸손과 온유'로 무장한 주님의 제자들이 일어나 '우리'를 넘어 '모두'를 품는 하나님의 놀라운 새 일을 시작할 것이다. 물론 우리의 힘이 아니라 우리의 순종을 통해 역사하시는 성령 하나님의 능력과 권세로 실제가 되어 나타날 것이다.

너무 말이 안 된다고? 너무 이상적이고 아름답기만 하지 가능성이 없다고? 정말 그렇게 생각하는가? 그렇다면 중동의 한 작은 마을 갈릴리와 예루살렘에서 시작한 이 예수의 마음 운동이 유대인만이 아닌 이방인들에게, 그것도 주변에 있는 이방인들만이 아니라 저 멀리 있는 해안지대에 이르기까지 확장된 역사적 사실은 어떻게 반박하겠는가?

2천 년의 기독교 역사 가운데서도 교회가 예수의 마음이 아니라 권력과 힘으로 세상을 휘저으려 할 때가 있었다. 그러나 그 결과는 가장 부패하고 썩은 수치만을 드러냈을 뿐이다. 반대로 겸손과 온유함으로 무장했을 때 가장 강력한 로마도, 세상의 권세와 힘도 그 앞에 무릎을 꿇게 했다.

온유와 겸손으로 무장하라

아직도 많은 사람이 겸손과 온유함의 성경적 의미를 잘 모르는 듯하다.

"성경에서 말하는 겸손은 힘없고 약해 빠진 상태를 의미하지 않으며, 철저히 하나님께 매달리며 의지하고, 사람들을 나보다 더 소중하게 여기는 태도를 말한다."

그 결과 하나님의 무한하신 능력을 공급받되 사람들 앞에서 그 능력과 힘을 드러내어 자랑하지 않고, 오히려 모든 사람을 자신보다 소중히 여기며 그들을 섬기는 통로로 사용하는 것이다. 그때 우리의 겸손한 섬김을 통해 사람들의 마음이 움직여지는 것이다.

"성경에서 말하는 온유함은 야생마를 잘 길들여서 명마로 만든 후 주인이 붙들고 있을 때 그 앞에 잠잠히 붙들려 있는 상태를 의미한다."

그렇게 주님의 손에 붙들려 잠잠하다가도 주님이 이제 때가 되었으니 달리라고 하실 때는 누구도 범접할 수 없는 힘과 스피드로 달려가는 것을 말한다. 쉽게 말해서 주님이 허락하실 때까지 칼을 갈듯 힘과 실력을 키우고 있다가 주님이 허락하실 때조차 주님의 세밀한 인도하심만 좇아 실력 발휘를 하는 것을 말한다. 그때 세상은 그 힘과 절제 앞에 무릎을 꿇는다. 이제 결론을 내리도록 하겠다.

하나님의 반격

보라 전에 예언한 일이 이미 이루어졌느니라 이제 내가 새 일을 알리노라 그 일이 시작되기 전에라도 너희에게 이르노라 사 42:9

이 말씀을 아주 노골적으로 표현해보겠다.

"봐라. 전에 내가 예언한 대로 되었지. 이제 내가 새 일을 할 것을 말한다. 아직 시작이 안 되었지만 내가 미리 말한다." 그러나 그 뒤에 따라오는 뉘앙스가 보이는가? 느껴지는가? "그러나 너희 생각은 어떠니? 이 새 일이 이루어지겠니? 안 되겠니? 이전에도 말한 대로 되었어! 그리고 이제 내가 새 일을 행할 거라고 말하는 거야!"

우리에게는 하나님의 새 일이 현재 진행형으로 주어졌다. 우리 앞에 놓인 새 일은 다시 오실 주님의 길을 준비하는 것이다. 주님처럼 겸손과 온유로 무장하여 온전히 순종함으로, 모든 넘사벽을 넘어 틀을 깨고, 하나님의 나라가 모든 열방과 나라와 민족에 이르기까지 말이다. 그분의 정의가 시행되며 세워지는 놀라운 일들은 결국 이루어질 것이다.

하나님은
새 일을 행하시는 분이다

어느 날 기도실에 앉아 기도하던 중 너무 분명하게 성령님으로부터 '하나님의 반격'이라는 제목을 받았다. 순간 이 두 단어가 책의 제목이라는 것을 깨닫고 한동안 내려놓았던 책을 이제 다시 쓰라는 마음을 받았다.

사실 그동안 몇 차례의 제안도 있었고 나도 시간적인 여유가 있어서 다시 쓸까 생각해보기도 했지만 특별한 인도하심과 확정이 없기에 내려놓았다. 그러다가 몇 달 동안 묵상한 이사야서 말씀 중 42장 9절 "내가 새 일을 알리노라"라는 말씀에 이르러 하나님이 행하실 새 일에 대한 기대가 일어났고, 그 새 일이 이제 앞으로 행하실 '하나님의 반격'이 될 것이라는 확신이 들면서 새 글을 쓰기 시작한 것이다.

우리는 지금 인류 역사 가운데 가장 혼란스럽고 어두운 시간을 지나고 있고, 영적으로도 심각하게 침체된 시기를 통과하고 있다.

그러나 이전에도 그랬듯이 하늘에 계신 우리 아버지께서는 가장 어둡고 힘든 역사의 변곡점에서 우리가 기대조차 할 수 없었던 하나님의 놀라운 새 일을 행하셨다.

겨자씨만 한 믿음을 가지고 끊임없이 천국의 문을 두드리며 아버지 하나님의 이름을 부르짖는 사람들을 통해, 그리고 지금 자신에게 주어진 자리에서 몸부림치며 믿음의 싸움을 감당하며 준비하는 자들을 통해, 하나님은 '하나님의 반격'을 행하셨다.

우리만 준비되면 하나님의 반격은 댐이 터지듯 시작될 것이다. 그러므로 준비하라. 그리고 "새 일을 행하실 하나님을 기대하라!" 그분의 놀라운 반격이 곧 시작될 것이기 때문이다.

하나님의 반격

초판 1쇄 발행   2021년 6월 22일

지은이   윤성철

펴낸이   여진구
책임편집   안수경 김도연 최은정
편집   이영주 기은혜 정선경 최현수 김아진 정아혜
책임디자인   노지현 조아라 | 마영애 조은혜
기획·홍보   김영하
마케팅   김상순 강성민 허병용   마케팅지원   최영배 정나영
제작   조영석 정도봉   경영지원   김혜경 김경희

303비전성경암송학교 유니게과정   박정숙 최정식
이슬비전도학교 / 303비전성경암송학교 / 303비전꿈나무장학회   여운학

펴낸곳   규장

주소 06770 서울시 서초구 매헌로 16길 20(양재2동) 규장선교센터
전화 02)578-0003   팩스 02)578-7332
이메일 kyujang0691@gmail.com   홈페이지 www.kyujang.com
페이스북 facebook.com/kyujangbook   인스타그램 instagram.com/kyujang_com
카카오스토리 story.kakao.com/kyujangbook
등록일 1978.8.14. 제1-22

ⓒ 저자와의 협약 아래 인지는 생략되었습니다.
이 출판물은 저작권법에 의해 보호를 받는 저작물이므로 무단 전재와 무단 복제를 할 수 없습니다.

책값   뒤표지에 있습니다.
ISBN 979-11-6504-224-0 03230

규 | 장 | 수 | 칙

1. 기도로 기획하고 기도로 제작한다.
2. 오직 그리스도의 성품을 사모하는 독자가 원하고 필요로 하는 책만을 출판한다.
3. 한 활자 한 문장에 온 정성을 쏟는다.
4. 성실과 정확을 생명으로 삼고 일한다.
5. 긍정적이며 적극적인 신앙과 신행일치에의 안내자의 사명을 다한다.
6. 충고와 조언을 항상 감사로 경청한다.
7. 지상목표는 문서선교에 있다.

하나님을 사랑하는 자 곧 그의 뜻대로 부르심을 입은 자들에게는 모든 것이 合力하여 善을 이루느니라(롬 8:28)

규장은 문서를 통해 복음전파와 신앙교육에 주력하는 국제적 출판사들의 협의체인 복음주의출판협회(E.C.P.A:Evangelical Christian Publishers Association)의 출판정신에 동참하는 회원(Associate Member)입니다.